Sandra Peham, Eva Maria Lipp, Johann Peham

Einfach Essbar –
Eine bessere Welt ist pflanzbar

Ein Guide durch essbare Gärten mit Rezepten

IMPRESSUM

© Edition Esspapier, April 2016
www.editionesspapier.com

Bildquellen

Umschlag: LittleLion/depositphotos.com
Innenteil: fotolia/picsfive (Notizzettel); Klaus Engelmayer, aus „Karl Ploberger: 365 Gartenfragen und Antworten für intelligente Faule", avBUCH im Cadmos Verlag (S. 4); Michael Blattny (S. 25 linke Spalte, rechte Spalte links oben); Siegfried Tatschl (S. 25 Obstkorb) Alex Hunger (S. 29); TY HerzBergLand (S. 84, 85); Martin Mollay (S. 38); Henriette Kordasch (S. 66, 67); Gabriele Berchter-Bohl (S. 110)

Rezeptfotos: Eva Maria Lipp (außer S. 38, 66, 67, 110)

Alle anderen wurden uns von Heike Boomgaarden sowie den jeweiligen Projektbetreibern bzw. -verantwortlichen zur Verfügung gestellt.

Layout Ute Jicha

Satz, Lektorat Jürgen Ehrmann

Druck Druckkonzept, Bad Erlach, mit unserem Partner Druckerei Theiss, St. Stefan

Printed in Austria

ISBN 978-3-9503791-2-9

Gedruckt auf Munken Pure Naturpapier, FSC®-zertifiziert.

Unser Untertitel „Eine bessere Welt ist pflanzbar!" ist inspiriert vom Titel der Dokumentarfilmreihe von Ella von der Haide „Eine andere Welt ist pflanzbar!", die wir an dieser Stelle empfehlen wollen. Infos zu ihren Filmen finden Sie unter www.eine-andere-welt-ist-pflanzbar.de

Der Genuss wächst vor der Haustür

Einfach Essbar

Kostbares gemeinsam genießen

Seit etwa 50 Jahren gärtnere ich, seit mehr als 30 Jahren bin ich als Gartenjournalist tätig. Oft höre ich, dass „so wenig passiert" und „nichts weitergeht". Dabei sollte doch im biologischen Gartenbau, im regionalen Gärtnern viel mehr Engagement von allen gezeigt werden.

Ich kann nur sagen: Es hat sich in den letzten Jahrzehnten sehr viel getan. „Bio" ist kein Exote mehr, sondern Alltag. Und Menschen, die Gemüse, Kräuter, Obst und Beeren selbst ziehen, sind nicht „Alt" und „von gestern", sondern sie blicken in die Zukunft und stehen voll im Leben.

Ich bin daher voller Zuversicht, auch wenn noch sehr, sehr viel zu tun ist. Lippenbekenntnisse von großen Lebensmittelkonzernen, die die Regionalität auf ihre (Werbe-)Fahnen heften und tatsächlich im Winter Gemüse aus Peru, Tansania oder Argentinien verkaufen, werden es bald schwer haben. Der Konsument lässt sich nicht mehr so leicht an der Nase herumführen.

Dass dies tatsächlich so ist, beweisen die mannigfaltigen Initiativen rund um die „Essbaren Gemeinden", wo Tausende Landsleute Grund und Boden vor der Haustür nützen, um den Genuss zu kultivieren.

Damit wird aber noch viel mehr erreicht. Solche Gärten sind nicht bloß „Produktionsstätten", sie sind viel mehr ein Treffpunkt, quer über alle sozialen Schichten: Wachsen und Zusammenwachsen stehen hier im Mittelpunkt. Gleichzeitig erkennt man aber auch, wie langwierig es ist, bis aus einem Samenkorn eine Pflanze wächst und die Ernte beginnen kann. Das Erlebnis Garteln führt damit auch zu einer neuen Wertschätzung, öffnet aber auch die Augen für die Faszination, die da vor der Haustür passiert und uns Genuss bringt.

Ich wünsche mir, dass diese „Einfach Essbar"-Initiativen sich Jahr für Jahr vermehren, dass die Jugend von heute auch in Jahren und Jahrzehnten qualitativ hochwertige Lebens- (und nicht bloß Nahrungs-)mittel ernten und genießen kann. Und ich bin mir ganz sicher: Alle, die diese Plätze des Gärtnerns besuchen, werden vor allem eines spüren: Es sind die kleinen Paradiese mit Seele, die wir da vorfinden.

Viel Erfolg! Und mögen sich noch viele diesen Beispielen anschließen!

Karl Ploberger
im April 2016

Ein ökohumanes Europa als „Lebens-Mittel-Punkt"

Einfach Essbar
Kostbares gemeinsam genießen

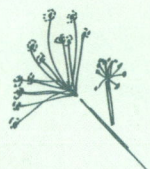

In der Welt, in der wir leben, werden die Probleme in den Städten, die Versorgungsengpässe immer gravierender. Eine neue Armut breitet sich in Europa aus. Urban Gardening ist ein Beitrag zur Menschlichkeit unserer Städte! Es funktioniert kleinteilig. Es ist anarchisch und zugleich, oder vielleicht gerade deshalb, menschlich. Es schafft Lebendigkeit, wo Eintönigkeit und Langeweile herrschen, es schafft Orte der Identifikation an „Nicht-Orten", Scherbenvierteln, Industriebrachen, es schafft Gemeinschaft, wo Isolation herrscht, es weckt Kreativität und Aktivität in einer Welt inhaltsleeren Konsums, und es weckt Hoffnung – denn Hoffnung ist ja bekanntlich grün!

Wir alle wissen: Zu wenig Natur kann krank machen, und ausreichend Natur heilt Körper und Seele. Was viele Menschen intuitiv schon lange wissen, bestätigen immer mehr wissenschaftliche Studien. Naturerlebnisse und Naturerfahrungen leisten einen elementaren Beitrag zur erfreulichen Entwicklung

hin zum reifen, verantwortungsbewussten, erfüllten und glücklichen Menschen. Empathie ist unabdingbar in einer lebenswerten und freudvollen Gesellschaft. Menschen finden wieder ihren natürlichen „Lebens-Mittel-Punkt" und fühlen sich geerdet in ihrem sinnhaften Tun. Dieses führt zu sozialer Integration aller Bevölkerungsschichten

Das Besondere an diesem Buch ist der Gedanke, essbare Städte und Gemeinschaftsgärten vorzustellen, um dadurch ein Netzwerk entstehen zu lassen, das europaweit funktioniert. Wie wunderbar, dass es keine Grenzen mehr gibt, um eine ökohumane Gemeinschaft aufzubauen, ganz nach dem Motto: „Eine bessere Welt ist pflanzbar". Noch scheint vielen die Vorstellung, dass jemand erntet, der nicht gesät oder geharkt hat, befremdlich. Aber unsere Erfahrung zeigte: Es funktioniert. Es gibt dann keinen Vandalismus, weil die Verantwortlichkeit im kleinen, überschaubaren Rahmen

für alle erfahrbarer ist als in großen und anonymen Strukturen. Gemeinsam können die angebauten Produkte verarbeitet werden und gemeinsam kann genussvoll gegessen werden. Was für eine wunderbare Vision wird in dem Buch von Sandra Peham, Eva Maria Lipp und Johann Peham Realität: ein ökohumanes Europa, das als „Lebens-Mittel-Punkt wieder erlebbar wird.

Ich wünsche Euch von Herzen, dass dieses Buch von vielen Menschen gelesen und umgesetzt wird.

Heike Boomgaarden
im April 2016

Liebe Leserinnen!
Liebe Leser!

Weltweit zieht es Menschen wieder in die Natur und damit in die Gärten, um gesundes, natürlich gewachsene(s) Obst, Gemüse und Kräuter anzubauen und zu ernten. Gärten auf öffentlichen Flächen entstehen, Firmen investieren in „Essbare Landschaften" zum Wohl ihrer Mitarbeiter und zum Nutzen der Öffentlichkeit. Gemeinden und Städte zeigen, wie öffentliche Grünflächen in Selbsterntegärten für alle verwandelt werden können.

In diesem Zusammenhang steht auch der Wunsch, mit naturbelassenen, regionalen Früchten zu kochen. Der wunderbare Geschmack von frisch geernteten Früchten ist mit nichts zu vergleichen und der gesundheitliche und ökologische Mehrwert mit nichts aufzuwiegen.

Dieses Buch soll dazu beitragen, die Vielfalt der Zugänge und Intentionen zum ökologisch-bewirtschafteten (Gemeinschafts-)Garten sichtbar zu machen.

Die bekannte Köchin und erfolgreiche Kochbuchautorin Eva Maria Lipp hat neue, schmackhafte Rezepte jeweils passend zum vorgestellten Garten kreiert.

Mein Mann Johann „Johnny" Peham, Permakulturpraktiker und Wildniskulturberater, hat seine Erfahrung und sein Wissen in Form von Tipps zum ökologischen Gärtnern einfließen lassen.

Wir hoffen, dass wir Sie und viele mehr mit dieser großen Bandbreite spannender Neuigkeiten rund um den essbaren Garten inspirieren können. Damit wir unserem gemeinsamen Ziel ein klein wenig näher kommen:

Wir machen unsere Welt besser –
nämlich: EINFACH ESSBAR!

Herzlichen Dank fürs Dabeisein,
Lesen, Gärtnern und Verändern.
Alles Liebe für Sie und uns alle!
Ihre Sandra Peham
s.peham@einfachessbar.org

Permakultur/Wildniskultur, der neue „alte" Weg in Garten und Landwirtschaft

Wissenswertes und Tipps von Johann „Johnny" Peham

Was ist Permakultur?

Bei der „Permakultur" wird versucht, dauerhaft funktionierende, nachhaltige und naturnahe Kreisläufe zu fördern und zu installieren. Dies gilt sowohl für eine ökologische Bewirtschaftung von Landwirtschaften und Gärten wie auch für einen bewussten achtsamen Umgang im sozialen Miteinander. „Permakultur" beruht im Wesentlichen auf drei Säulen:

1. Achtsamer Umgang mit der Erde
2. Achtsamer Umgang mit allen Lebewesen
3. Wachstumsrücknahme und Umverteilung

Was ist Wildniskultur?

Die „Wildniskultur" beschäftigt sich mit dem mehrfachen Nutzen der Ursprünglichkeit („Wildnis") der Natur. Natürliche, komplexe Zusammenhänge, die wir in der Natur beobachten, werden kopiert und in eine nachhaltige Kreislaufwirtschaft auf großen sowie kleinen Anbauflächen integriert. Der Grundsatz dabei lautet: „Die Natur ist fehlerfrei! Wir können sie nur beobachten, von ihr lernen und das Erlernte zum Wohle aller anwenden!"

Am Beginn jeder „Wildniskulturplanung" für Garten und Landwirtschaft wird großer Wert auf die Entstehung stabiler, natürlicher, folienfreier Wasserhaushalte gelegt, um eine langfristige Versorgung der Umgebung mit dem Lebenselexier „Wasser" zu gewährleisten. Danach folgt eine intensive Auseinandersetzung mit für die jeweilge Fläche passenden Anbaumethoden und Gestaltungselementen (u. a. Terrassierung, Hügelbeetkultur, Waldgarten, Kräutergarten …). Tiere (Hühner, Enten, alte Schweinerassen) werden als Helfer gerne miteinbezogen (s. etwa Aigen-Schlägl, S. 40; Übelbach, S. 92).

Permakultur-/Wildniskultur Tipps für erfolgreiches, ökologisches Gärtnern

Folienfreier Wasserretensionsraum (Biotop/Teich, s. etwa Peggau, S. 80) Aufgrund der klimatischen Veränderungen kommt es auf der ganzen Welt verstärkt zu „Extremwetter", wie Starkregen und lange Trockenperioden. Um diesen von Menschen mit verursachten Wetterkapriolen wirksam entgegenzutreten, sind große und kleine Wasserretensionsräume anzulegen: Je länger wir das kostbare Gut „Wasser" auf unserem Grundstück halten können, desto mehr können wir von ihm profitieren. Vorteile eines folienfreien Wasserretensionsraumes:

– Die unmittelbare Umgebung wird langfristig mit Wasser versorgt, dadurch wird die Bewässerung unserer Anbauflächen reduziert. Im optimalen Fall ist eine zusätzliche Bewässerung auf Dauer nicht mehr notwendig.

– Wir erschaffen nützliche Kleinklimazonen für Tier- und Pflanzenwelt.

– Durch den „Wärmespeicher Wasser" wird ein natürlicher Wärmeausgleich ermöglicht.

– Es können sich Nützlinge für Garten und Landwirtschaft ansiedeln (Insekten, Bienen, Amphibien …).
– Eine zusätzliche Wasserversorgung der Pflanzen durch höhere Luftfeuchtigkeit (Verdunstung und Taubildung) wird gewährleistet.
– Je nach Größe des Retensionsraumes, besteht die Möglichkeit auch weiter vom Wasserareal entfernte Zonen zu bewässern.

Erforderliche Vorarbeiten zum Anlegen eines Wasserretensionsraumes:
– Informationen über die geologische Beschaffenheit des Grundstückes einholen
– eventuelle Probebohrungen oder -schürfungen durchführen
– Zufluss des Retensionraumes klären (Dachwasser, Wassereinzugsgebiet, Quellen auf dem Grundstück …)
– Für einen schadlosen Überlauf (z. B. bei Starkregen) sorgen

Umsetzung eines Wasserretensionsraumes: Nach genauer Planung, zu der nach Möglichkeit ein Experte zugezogen werden sollte, ist ein Baggereinsatz zu empfehlen. Die Arbeit wird effizenter erledigt und die Schaffung von Flach- und Tiefzonen ist gewährleistet.

Insekten- und Bienenweide *(s. etwa Oberpullendorf, S. 16)*
Durch intensive, industrielle Landwirtschaft und den rar werdenden, meist als „Rasenmonukultur" gepflegten, freien öffentlichen sowie privaten Flächen leiden die Insekten- und Bienenpopulationen. Dadurch wird eine gesunde Erzeugung von Lebensmitteln immer schwieriger. Denn Bienen und andere Insekten sind für die Bestäubung von mindestens einem Drittel unserer Lebensmittelproduktion verantwortlich.

Um wirkungsvoll gegen diese Entwicklung vorzugehen, ist ein Umdenken in unserem Konsumverhalten und in der Landwirtschaft sowie auch im öffentlichen und privaten Gartenbau notwendig. Nur natürliche (biologische) Mischkulturen und die Umstellung von „Grasmonokultur-Wiesen" auf Blüh- oder Blumenwiesen, die höchstens zweimal jährlich gemäht werden, gewährleisten das Aussamen der Pflanzen und die Artenvielfalt. Es kann also jeder ganz einfach dazu beitragen, unsere fliegenden Helfer zu schützen.

Im Folgenden eine Auswahl an möglichem Saatgut, das in einem kleinen bis großen Bereich Ihres Gartens in Mischkultur ausgesät werden kann und eine wichtige Hilfestellung für Bienen und Insekten darstellt.

Eine „Einfach-Essbar"-Bienenweide für den Hausgarten besteht aus einer bunten Mischung ein- und mehrjähriger Kräuter, die nicht nur die Gesundheit von uns Menschen, sondern auch die der summenden Mitbewohner fördert:

* Boretsch oder Gurkenkraut *(Borago officinalis)*
* Salbei *(Salvia officinalis)*
* einjähriges Bohnenkraut *(Satureja hortensis)*
* mehrjähriges Bohnenkraut *(Satureja montana)*

* Oregano *(Origanum vulgare)*
* Johanniskraut *(Hypericum perforatum)*
* Edelminze *(Mentha piperita)*
* Ringelblume *(Calendula officinalis)*

Das Hügelbeet *(s. etwa Peggau, S. 80; Übelbach, S. 92; Innsbruck-Wilten, S. 96; Feldkirch, S. 100)*

Ein Hügelbeet anzulegen zahlt sich besonders aus, wenn die Anbaufläche im Garten gering ist und/oder sich im Laufe der Zeit viel „Totmaterial", wie etwa Strauch- und Baumschnitt, Laub und Ähnliches angesammelt hat. Durch ein Hügelbeet wird mindestens ein Drittel mehr Anbaufläche erreicht und für die Pflanzen eine optimale Umgebung (Wärmespeicher durch Verrottungsprozesse im Inneren und Wasserspeicher) eingerichtet.

Bau eines Hügelbeets:
1. Grasnarbe entfernen und reparieren
2. Strauch- und Baumschnitt, Astwerk bis hin zu ganzen Baumstämmen einbringen

3. Kleinmaterial (z. B. Laub, feines Astwerk etc.) und die umgedrehte Grasnarbe aufbringen
4. Hügelbeet mit Erde aufschütten
5. als letzte Schicht gute Erde gemischt mit Kompost auftragen
6. Bepflanzung (Mischkultur) vornehmen

Während der einzelnen Schritte sollte das Beet durch Draufsteigen und Rütteln immer wieder verdichtet werden. Für große Hügelbeete empfiehlt sich der Aufbau in „Mäanderform" (Schaffung von Kleinklimazonen und Wärmefallen) mithilfe eines kleinen Baggers. Kleine Hügelbeete können innerhalb eines Tages händisch gebaut werden. Das Video zum Bau eines Hügelbeets finden Sie auf meinem Youtube-Kanal.

Das Hochbeet *(s. etwa Villach, S. 20; Waidhofen an der Thaya, S. 28; Kremsmünster, S. 44; Linz, S. 48; Salzburg, S. 60; Andernach-Eich, S. 120)*

Hochbeete haben sich im Laufe der Zeit sozusagen zu einem „Lifestyle-Produkt" entwickelt. Für Menschen mit Beeinträchtigungen des Bewegungsapparates, als „Hundeabwehrzone" und auf Kleinstflächen macht ein Hochbeet durchaus Sinn. Größere Flächen profitieren jedoch durch ein Hügelbeet um ein Vielfaches mehr.

Der Grundgedanke des Hochbeets liegt im herkömmlichen „Komposter", der durch seine angenehme Höhe, die hochwertige Erde und die Möglichkeit des Wärmespeichers für die Bepflanzung von Vorteil ist. Diese natürlichen Bedingungen können wir durch ein „Recycling-Hochbeet" ebenfalls nutzen. Ein zweigeteiltes „Recycling-Hochbeet" (s. Peggau, S. 80) wird aus nicht imprägniertem Altholz (z. B. alter Dachstuhl) gefertigt und auf der einen Seite als Komposthaufen genutzt, dessen humusreiche Erde nach einer Weile dem Beet zugeführt wird. Auf der anderen Seite wird es wie ein Hügelbeet gefüllt und dient als Anbaufläche.

Mobile Hochbeete (z. B. Graz, S. 72; Waidhofen an der Thaya, S. 28) machen dort Sinn, wo wir aufgrund der Gartensituation Anbauflächen brauchen, die auch schnell von einem zum anderen Ort transportiert werden können. Dies erfolgt mit Rädern oder durch eine Konstruktion, die es ermöglicht, das Beet etwa mit einem Gabelstapler zu bewegen.

Am effizientesten und natürlichsten ist ein Hochbeet auf jeden Fall ohne Plastikfolie (Mikroplastik gelangt in die Erde und somit auch in unsere Lebensmittel), also mit umweltverträglichen Materialien, wenn die Befüllung in direktem Kontakt zum Mutterboden steht.

Das Video zum Bau eines „Recycling-Hochbeetes" finden Sie auf meinem Youtube Kanal.

Der Waldgarten, die essbare Waldlandschaft (s. etwa Zell am See, S. 64, Graz, S. 72)

Der Waldgarten ist wohl eine der ältesten und weltumfassendsten Ideen des Kultivierens von essbaren Pflanzen in natürlicher, ökologischer Art und Weise. In Europa ging diese Art der Gartengestaltung durch Monokulturen, Abholzungen und einseitiger Wiederaufforstung nahezu ganz verloren. In den letzten Jahren setzte aber auch hier ein Umdenken ein. Immer mehr Menschen lassen sich auf diese wunderbare, fast mystische Art des Gärtnerns ein.

Das Anlegen und das Bewirtschaften einer essbaren Waldlandschaft erfordert ein Einlesen in Fachliteratur und eine Grundmotivation, die natürlichen Vorgänge im

Garten langfristig zu verfolgen, um daraus individuelle Rückschlüsse zu ziehen. Hat man gewisse Grundprinzipien jedoch erst einmal erkannt und ist bereit Erfahrungen in und mit der Natur zu machen, dann gibt es wohl nichts Schöneres als „Waldgärtner" oder „Waldgärtnerin" zu sein!

Die essbare Waldlandschaft baut sich im Wesentlichen auf drei Schichten auf:

1. Baumschicht (hochstämmige und halbstämmige Nuss- und Obstbäume)
2. Strauchschicht (z. B. Haseln, Beerensträucher, Rosengewächse, Kiwis, Wein …)
3. Kräuter- und Gemüseschicht (Wild-, Heil- und Küchenkräuter, Wild- und Wurzelgemüse, Pilze …)

Die essbare Landschaft „Wald" kann der Gärtner durch das Anlegen naturnaher Hügelbeete und Pilzkulturen beliebig ergänzen. Am effektivsten funktioniert dieses Ökosystem in Verbindung mit natürlich gestalteten Wasserretensionsräumen (Biotop, Teich, Tümpel …; s. S. 9).

Die Streuobstwiese/Baumscheibenbepflanzung (s. etwa Kirchberg am Wagram, S. 24; Wiener Neustadt, S. 36; Kremsmünster, S. 44; Ottensheim, S. 52; Stübing, S. 88)
Es ist noch gar nicht so lange her, da gab es Streuobstwiesen quasi noch an jeder Ecke zu bestaunen und zu beernten. Nach und nach verschwanden diese, im positiven Sinne Kulturlandschaften mit ihrer großen Diversität an Fauna (Bienen, Insekten, Käfer, Schmetterlingen, Igel, Maulwürfen, Vögel …) und Flora (Wild-Obstbäumen, Wiesenkräuter, Wiesenblumen …). Es gilt, das wunderbare Ökoressort „Streuobstwiese" wieder in unsere Umgebung zu intergieren. Früher bestanden diese Wiesen meist aus hochstämmigen, schwer zu beerntbaren Obstbäumen und einer (Futter-)Wiese, die circa zweimal jährlich abgemäht wurde. In öffentlichen, essbaren Räumen kommen alte, meist mittelstämmige Obstbäume wieder zurück. Im unmittelbaren Bereich des Baumes empfiehlt es sich, für diesen förderliche Pflanzen zu setzen (Baumscheibenbepflanzung).

Hier einige Beispiele: Brennnessel stärkt die Baumwurzel und hilft gegen Blattläuse; Beinwell fördet das Wurzelwachstum; Kapuzinerkresse hilft gegen Blut-/Blattläuse und Apfelblattsauger; Knoblauch unterstützt gegen die Kräuselkrankheit – zum Beispiel beim Pfirsich – und gegen Bakterienbrand; Maiglöckchen hilft gegen Monilia bei Kirschen; Tomaten auf den Baumscheiben von Aprikosen und Pfirsichen helfen gegen Ameisen.

Samenbomben/Samenbälle

„Seed Bombs" sind vor Leben strotzende, lustvolle und Vielfalt fördernde Saatkugeln. Sie haben ihren Ursprung im „Guerilla-Gardening". „Guerilla GärtnerInnen" auf aller Welt haben Initiativen wie „Essbare Städte/Gemeinden" durch die heimliche Aussaat von Saatgut auf öffentlichen Grünflächen medienwirksam in den Blickpunkt der Öffentlichkeit gerückt. Dafür verwendeten und verwenden sie kleine Bälle aus einem Gemisch von Gartenerde (enthält alle nötigen Nährstoffe für die Sämlinge), Ton- oder Lehmstaub (hält den Samenball zusammen) und natürlich Samen unterschiedlichster Pflanzen.

Bereits das Anfertigen ist eine Freude für Jung und Alt. Das Interesse an der Natur ist spätestens dann erwacht, wenn man die erste Samenbombe „geworfen" hat. Denn natürlich möchte man wissen, was denn daraus einmal wachsen wird, welche Pflanze sich durchsetzt und ob sie auf ihrem Standort bestehen kann. Optimalerweise überlegt man sich schon im Vorfeld, welches Saatgut wohl am geeignetsten für den ausgesuchten Standort sein mag, ob es in nächster Zeit regnen wird (sonst kann man oft ganz schön lange warten, bis die ersten Keimlinge sprießen) und ob die Jahreszeit die richtige ist.

Auf jeden Fall sollte die Verwendung von Samenbällen nicht leichtfertig, sondern verantwortungsvoll und mit Rücksicht auf Gemeinschaft und Umwelt passieren!

Im Folgenden ein *Rezept für ein „Einfach Essbar scharfes Früchtchen"*. Die Aussaat sollte im Frühjahr erfolgen. 5 EL Gartenerde, 4 EL Ton- oder Lehmstaub, 2 TL Samengemisch (z. B. Kapuzinerkresse, Ringelblume, Radieschen, Rübensamen, eventuell Mairübe), 1 TL Chilipulver (optional gegen Fraßfeinde) in einer Schüssel vorsichtig vermischen. 4 TL Wasser hineinträufeln und daraus Bälle formen. Die „Seed Bombs" können frisch, also noch feucht verwendet werden; oder man lässt sie schonend trocknen (hohe Haltbarkeit). Bei kleinen Samen genügt 1 TL Samengemisch, bei größerem Saatgut verwendet man entsprechend mehr.

Das Pyramidenbeet

Es vereint die Vorteile des Hoch- und Hügelbeets auf formschöne Art. Allerdings ist der Zeitaufwand für die Errichtung um einiges höher. Die Größe ist variabel und richtet sich nach der des Grundstücks und nach den Bedürfnissen des Gärtners oder der Gärtnerin.

Bau eines Pyramidenbeets:

Das „Außenskelett" bildet ein pyramidenförmiges Gerüst aus Baumstämmen (zu empfehlen sind einheimische, widerstandsfähige Hölzer wie Lärche, Robinie oder Eiche).

Folgende Arbeitsschritte werden empfohlen:

1. Grundfläche ausmessen, markieren und Höhe des Beetes festlegen.
2. Material berechnen (Durchmesser der Baumstämme zwischen 15 und maximal 20 Zentimetern)
3. Fläche vorbereiten, Grasnarbe entfernen
4. Baumstämme auf die gewünschten Längen Lage für Lage zuschneiden
5. Auflagefläche der Baumstämme ausschneiden, sodass die Stämme stabil aufeinanderliegen

Der jeweils obere Baumstamm wird, entsprechend der Größe des unteren Baumstamms, eingeschnitten, damit eine gute Auflage gegeben ist. Mit entsprechend großen Nägeln oder Schrauben werden die Hölzer miteinander verbunden

6. Sobald eine Lage fertiggestellt ist, wird diese mit Material hinterfüllt
7. Bei flachen und großen Pyramidenbeeten empfiehlt es sich, Erntewege mit Trittsteinen anzulegen
8. Bepflanzen und Einsäen in Mischkultur. Trockenheitsliebende Pflanzen in den oberen Bereich, Kürbisse, Zucchini und Ähnliches in den unteren Bereich setzen
9. Je nach Bedarf bewässern

Der Krater- oder Klimagarten

Ein Krater- oder Klimagarten vergrößert und verbessert die Anbaufläche dadurch, dass er in die „Tiefe" geht. Die Besonderheit dieser Gestaltungsform ist das ausgeprägte Mikroklima im Inneren des Gartens. Je nach Größe der Anlage ist es ratsam, an der tiefsten Stelle eine Wasserfläche mit Biotopcharakter zu schaffen. Dadurch entsteht ein weiterer erheblicher Vorteil für das Mikroklima.

Der Aushub aus der Mitte wird entlang der Kontur des Kratergartens terrassenförmig aufgeschüttet. Durch die Einarbeitung von großen Steinen wird das Kleinklima zusätzlich positiv beeinflusst (Wärme- und Feuchtigkeitsspeicher). Entsprechend geformte Steine können als Sitz- und Liegesteine integriert werden, die mit trittfesten Teppichkräutern bepflanzt besonders wertvolle Ruhe- und Rückzugszonen bieten.

Aufbau eines Kratergartens (der einmalige Einsatz eines Baggers ist empfehlenswert):

1. Vermessen und planen
2. Aushebung des Erdreichs, Schaffung eines Biotops und Anlegen der Böschungen und Terrassen
3. Eventuell Einbringung von Steinschlichtungen und Krainerwänden
4. Anlegen von „Erntewegen" und „Chill-out-Zonen"
5. Bepflanzung in Mischkultur

Kontaktdaten für weitere Informationen rund um Permakultur/Wildniskultur
Permakultur-Wildniskultur Peham, Beratung und Umsetzung ökologisch nachhaltiger Gärten und Landwirtschaften, Workshop- und Seminartätigkeit
www.permakultur.wildniskultur.wordpress.com
+43 699 10 45 51 36, JohannPeham@gmx.at
Youtube-Channel: Permakultur-Wildniskultur Peham
Terminvereinbarung: +43 664 73 49 90 35

Weiterführende Literaturempfehlungen
Judith Anger, Immo Friebrig, Martin Schnyder, Jedem sein Grün, Kneipp Verlag, Wien.

Sepp Holzer, Sepp Holzers Permakultur, Stocker Verlag, Graz.

Eunike Grahofer, Der Pepi Onkel: Das Pflanzenwissen der einfachen Leut, Freya Verlag, Linz. Weitere Werke unter: www.eunikegrahofer.at

Siegfried Tatschl, 555 Obstsorten für den Permakulturgarten und -balkon, Löwenzahn Verlag, Innsbruck.

Patrick Whitefield, Das große Handbuch Waldgarten, Organischer Landbau Verlag, Kevelaer.

Erwin Thoma, Dich sah ich wachsen, Servus Verlag, Salzburg.

Claudia Holzer, Josef Andreas Holzer, Jens Kalkhof, Kräuterspiralen, Terrassengärten & Co., Stocker Verlag, Graz.

Bernhard Gruber, Die kleine Permakultur-Fibel, Eigenverlag, www.permakultur.biz

Josie Jeffery, Mit Samenbomben die Welt verändern, Ulmer Verlag, Stuttgart.

Thomas Roth, Weidenbauten für naturnahe Gärten, avBUCH, Wien.

Oberpullendorf

Therapiegarten

OASE
Oberpullendorf

ORT 7350 Oberpullendorf, Burgenland
PROJEKTBETREIBER Verein Freunde der OASE Oberpullendorf
PROJEKTSTART 2012
AWARDS Umweltpreis 2013 des Burgenlandes
ANDERE ESSBARE PLÄTZE 4
INITIATOREN Helga Johanna Krizmanits, Akademische Expertin für Gartentherapie; Verein Freunde der OASE Oberpullendorf
GESTALTUNG UND UMSETZUNG Helga Johanna Krizmanits; BewohnerInnen des betreuten Wohnens; PensionistInnen; SchülerInnen
FLÄCHE 519 m^2
BEWIRTSCHAFTUNGSART Bauerngarten, Blumengarten, Wildkräuterplatz, Hochbeete
ERNTE Wer mitarbeitet, darf ernten! Tauschen und Ernten, Pfücken und Tauschen
INTENTIONEN Kinder brauchen Natur und Naturwissen (Schulprojekte); Aufbau von Gemüsebeeten; Therapiegarten; Kommunikations- und Generationenplatz; integrativer Austausch
BESUCHSMÖGLICHKEITEN jederzeit frei zugänglich!
EXKURSIONEN/FÜHRUNGEN Anmeldung bei Helga Johanna Kritzmanits
MITGLIED VON „EINFACH ESSBAR" ja

Im mittleren Burgenland, in Oberpullendorf, entstand 2012 ein Therapiegarten, der Alt wie Jung zum Verweilen, Mitarbeiten, Beobachten, Reden und Erzählen einlädt. „In dem liebevoll gestalteten Garten soll es den Menschen ermöglicht werden, in der Natur den Verlauf von Blüte und Vegetation zu beobachten", so die Initiatorin Helga Krizmanits. Die OASE wurde im Laufe ihres Wachstums auch verstärkt Kommunikationsplatz der Generationen, die sich beim Spazieren und Flanieren zufällig treffen und austauschen, ein anderes Mal aber ein Fest im Garten nutzen, um Erfahrungen weiterzugeben und altes Wissen zu bewahren.

Der besondere Lebensraum Garten steht jedoch nicht nur den Menschen zur Verfügung. Hier wird verstärkt darauf Wert gelegt, dass sich alle Lebewesen wohl und gut aufgehoben fühlen. Küchen- und Wildkräuter, ein

Hotel für Nützlinge, Blumenbeete, Staudenanlage, Beerensträucher sowie ein „Wildes Eck", wo alle Pflanzen miteinander wachsen dürfen, stehen der Natur zur freien Entfaltung zur Verfügung.

Die Oberpullendorfer SeniorInnen sind Bestandteil des Gartenteams. Sie sorgen durch die Bepflanzung des Hochbeets für gesundes Gemüse, an dem sich vor allem die Kinder erfreuen. Die Volksschule Oberpullendorf macht Lehrausgänge in die OASE! Im Zuge des Projekts „Unsere gesunde Jause wächst in der OASE" planen, gestalten und bepflanzen die Volksschulkinder unter anderem ihr eigenes Beet. Die gewachsenen Früchte werden nach ihrer Vegetationszeit dann gemeinsam geerntet und genossen.

Neben den Besuchen der Schülerinnen und Schüler finden in der OASE auch andere informative Veranstaltungen statt. So lädt etwa der „Garten Salon" regelmäßig zum Austausch von altem Wissen und zum Erarbeiten von neuen Gartentechniken ein. Besonders beliebt ist diese essbare Initiative für das Gestalten wunderbarer Feste und Ver-

anstaltungen. Der im Frühjahr und Herbst stattfindende „Pflanzen-Tausch-Tag" ist mittlerweile ein fixer Termin im Oberpullendorfer Eventkalender geworden. Er ist ein Treffpunkt für interessierte HobbygärtnerInnen, die ihre Gartenschätze untereinander austauschen und so – vor allem Pflanzenraritäten aus der Region – erhalten.

Das Gartenteam rund um den Verein „Freunde der OASE Oberpullendorf" betreut dieses wunderschöne Plätzchen ehrenamtlich und gibt mit seinem stetigen Einsatz allen Grund positiv nach vorne zu blicken.

Mensch und Tier sollen sich hier wohlfühlen.

KONTAKTDATEN
Facebook-Seite vorhanden
Helga Krizmanits: helga.krizmanits@gmx.at, +43 699 17 11 47 71

FISOLENCREMESUPPE MIT WEISSBROTBLUMEN

RIBISELMUFFINS

ZUTATEN
200 g Zwiebel
2 EL zerlassene Butter
600 g Fisolen
(grüne Bohnen)
Salz, Pfeffer
1 l klare Gemüsesuppe
1 Prise Muskatnuss
250 ml Sauerrahm
(saure Sahne)
2 Scheiben Weißbrot
20 g Butter

Die Zwiebeln schälen, fein schneiden und in zerlassener Butter anschwitzen. Die Fisolen kalt abspülen und in kleinen Stückchen zu den Zwiebeln geben. Gut durchrühren, salzen, pfeffern und einige Minuten auf kleiner Flamme dünsten lassen. Mit der Gemüsesuppe aufgießen und mit Muskatnuss würzen. Suppe so lange kochen lassen, bis die Fisolen weich sind. Mit dem Pürierstab fein pürieren. Kurz vor dem Servieren den Sauerrahm unterrühren und die Suppe nicht mehr aufkochen. Aus den Weißbrotscheiben Blüten ausstechen und in Butter beidseitig goldbraun braten. Beim Anrichten auf die Suppe legen und rasch servieren.

ZUTATEN
2 Eier
120 g Staubzucker
(Puderzucker)
1 Pkg. Vanillezucker
50 ml Öl
200 g Mehl
50 ml Milch
½ Pkg. Backpulver
200 g Rote Ribiseln
(Johannisbeeren)
80 g Milchschokolade

Die Eier trennen und die Eiklar (Eiweiße) mit einer Prise Salz zu steifem Schnee aufschlagen. Dotter (Eigelbe) mit Staubzucker, Vanillezucker und Öl sehr schaumig aufschlagen. Dann Mehl, Milch und Backpulver einrühren. Zuletzt den Eischnee unterheben. Teig in die vorbereiteten Muffinformen füllen. Ribiseln abrebeln und darauf verteilen. Schokolade in kleine Stücke brechen und ebenso in die Muffins legen. Im vorgeheizten Backofen bei 180 °C 15 bis 20 Minuten backen.

HENDLCURRY MIT WEINTRAUBEN

Die Zwiebeln schälen und in feine Würfel schneiden. Das Hühnerbrustfilet waschen, trocken tupfen und ebenfalls in Würfel (Größe 2 x 2 cm) schneiden. Das Öl in der Pfanne erhitzen. Das Fleisch darin schön braun anbraten und anschließend herausnehmen. Danach die Zwiebelwürfel mit dem klein geschnittenen Ingwer glasig dünsten. Currypulver dazugeben und bei geringer Hitze anschwitzen. Anschließend das Stärkemehl

zufügen und alles gut verrühren. Dann mit der Hühnerbrühe ablöschen. Nun die Soße aufkochen lassen, die Marillenmarmelade einrühren und 5 Minuten bei geringer Hitze köcheln lassen. Mit Salz, Pfeffer und Zucker abschmecken. Die Weintrauben von der Traube lösen und halbieren. Wenn nötig entkernen und danach zur Soße geben. Zusammen mit dem Fleisch noch 5 Minuten ziehen lassen. Schlagobers beifügen, verrühren und mit Curry würzig abschmecken. Ein Curry wird traditionellerweise mit Reis serviert.

ZUTATEN

150 g Zwiebel
400 g Hühnerbrustfilet
1 kleines Stück Ingwer
10 g Currypulver
20 g Maisstärke
400 ml Hühnerbrühe
20 g Marillenmarmelade
(Aprikosenkonfitüre)
Kräutersalz, Pfeffer
10 g Feinkristallzucker
200 g Weintrauben
125 ml Schlagobers
(Schlagsahne)

Pflanzenöl zum Braten

Villach

Pilotprojekt für die „Einfach Essbar"-Stadt Villach

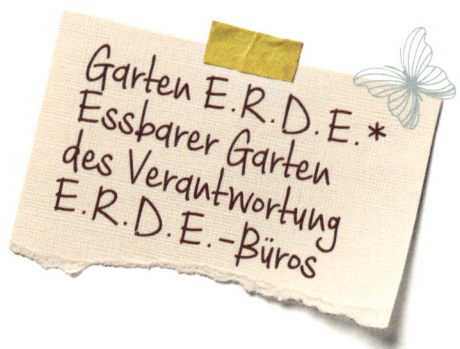

Garten E.R.D.E.*
Essbarer Garten
des Verantwortung
E.R.D.E.-Büros

Der „Garten E.R.D.E." trägt im Titel schon all das, was er Menschen, Pflanzen und Tieren bietet. Die Initiatoren Sascha Jabali und Vanessa Rainer gestalteten liebevoll, gemeinsam mit anderen Interessierten, den kleinen Garten vor ihrem Büro.

Dieses Plätzchen dient als Gemeinschaftsgarten; jeder, der aktiv mitgestalten möchte, kann sich daran beteiligen. Die Pflanzen dafür wurden von verschiedenen UnterstützerInnen gespendet, die somit alle einen wertvollen Beitrag zum Garten E.R.D.E.* geleistet haben. Es soll und darf hier gemeinschaftlich gegartelt sowie geerntet werden. Die Ernte kann dann in den künftigen „Ernte- Tausch- Festen" gegen andere Lebensmittel getauscht werden.

Die Bewegung hat es sich zum Ziel gesetzt, die „Essbare Stadt Villach" zu initiieren. Die Mitglieder wecken mit ihrem Garten das Interesse der Menschen und zeigen, dass es auch mitten in der Stadt möglich ist, eine essbare Grünoase zu schaffen.

Sascha Jabali meint: „Menschen bekommen durch essbare öffentliche Gärten wieder mehr Bezug zu ihren Lebensmitteln, zu den Jahreszeiten und zum Aufwand, der hinter der Lebensmittelproduktion steckt. Die essbare Stadt bietet eine Möglichkeit, näher zusammenzurücken, denn Einzelne werden Teil einer Gemeinschaft. Gemeinschaftsgärten können Menschen aus den unterschiedlichsten Generationen und Kulturkreisen zum gemeinsamen Schaffen bewegen und somit dabei helfen zwischenmenschliche Barrieren abzubauen."

Essbare Grünoase in der Stadt

ORT Willroider Straße 9, 9500 Villach

PROJEKTBETREIBER
Unabhängige Bewegung
Verantwortung Erde

PROJEKTSTART Frühjahr 2015

INITIATOREN Verein
Verantwortung E.R.D.E.

GESTALTUNG UND UMSETZUNG
Verein Verantwortung E.R.D.E.

FLÄCHE 15 m²

BEWIRTSCHAFTUNGSART
Der Garten E.R.D.E. wächst buch-
stäblich wie Kraut und Rüben.

ERNTE Selbsterntegarten. Die Pflanzen
können von allen geerntet und
betreut werden.

INTENTIONEN Menschen sollen wieder
einen Bezug zu gesundem und
natürlichem Essen bekommen und
als Gemeinschaft an einem Projekt
arbeiten

BESUCHSMÖGLICHKEITEN
jederzeit frei zugänglich; jederzeit
kann Kontakt zu den Initiatoren
aufgenommen werden.
Öffnungszeiten des Büros: Mo–Mi
von 10 bis 12 und 14 bis 17 Uhr
Do–Fr nach Absprache

EXKURSIONEN/FÜHRUNGEN
Gerne können Termine vereinbart
werden, bei denen jemand aus dem
Büro vor Ort ist, um die Ideen zur
„Essbaren Stadt" oder zum Garten zu
erklären.

MITGLIED VON „EINFACH ESSBAR" ja

Ein anderes Thema, das mit essbaren Gemeinden und Städten einhergeht, ist die Unabhängigkeit. Durch die Errichtung der essbaren Stadt können sich Menschen näher mit dem Anbau, der Pflege sowie der Ernte von heimischen Nutzpflanzen auseinandersetzen und werden mit Konzepten der Selbstversorgung vertraut.

Die Umwelt ist ein wichtiger Aspekt der essbaren Gärten. „Essbare Gärten bieten eine hohe Biodiversität, denn sie streben der ständigen Betonierung von Grünflächen entgegen", sagt Vanessa Rainer. „Wenn die Stadt zu unserem Garten wird, wird auch einer Vielzahl von heimischen Tieren, wichtigen Bestäubern wie Insekten und Bienen sowie Vögeln und Kleinsäugetieren ein gesunder Lebensraum geboten."

Die Bewegung „Verantwortung E.R.D.E." ist ein wunderbares Beispiel dafür, dass kleine Organisationen wesentliche Schritte im Sinne der Bewusstseinsbildung setzen und bewegen.

KONTAKTDATEN
www.verantwortung-erde.org/villach-die-essbare-stadt/
Facebook-Seite vorhanden
Vanessa Rainer: vanessa@verantwortung-erde.org
Sascha Jabali: sascha@verantwortung-erde.org

FRÜCHTEMÜSLI MIT GEPOPPTEM AMARANTH

Den Joghurt in eine Schüssel geben. Dinkelflocken und Honig zufügen und gut verrühren. Den Amaranth auf ein mit Backpapier belegtes Backblech geben und im vorgeheizten Backofen bei 200 °C wie Popcorn aufpoppen lassen. Die Äpfel halbieren und entkernen. Danach mit der Schale grob raspeln, zum gewürzten Joghurt geben und gleich unterrühren, damit sie nicht braun

werden. Der nun beigefügte Zitronensaft wirkt dabei unterstützend. Die Beeren der Saison dazugeben und vermengen. Früchtemüsli 30 Minuten im Kühlschrank durchziehen lassen. Dann portionsweise anrichten und mit gepopptem Amaranth bestreut servieren.

ZUTATEN
500 ml Joghurt
50 g Dinkelflocken
50 g Honig
40 g Amaranth
2 Äpfel
Saft einer Zitrone
200 g frische Beeren
der Saison

WINTERSALAT MIT GERÖSTETEN SONNENBLUMENKERNEN

RUCOLACREME ZU GEGRILLTEM GEMÜSE

Den Grünkohl gründlich waschen und feinnudelig schneiden. Die Karotten waschen, bürsten und fein reiben. Sellerie schälen und ebenso fein reiben. Die Zwiebel schälen und fein hacken. Gemüse gut durchmischen. Für das Dressing alle Zutaten gut verrühren und über den Salat gießen und unterheben. Die Sonnenblumenkerne in einer Pfanne trocken rösten und über den Salat streuen.

ZUTATEN
200 g Grünkohl
100 g Karotten
150 g Knollensellerie
100 g Zwiebel

Marinade
125 ml Sauerrahm
(saure Sahne)
20 g Honig
40 g Pflanzenöl
20 g Senf,
Kräutersalz
2 EL Apfelessig
Petersilie
80 g Sonnen-
blumenkerne

ZUTATEN
4 EL Olivenöl
50 g Sauerrahm
(saure Sahne)
100 g Rucola
5 g Salz
4 EL Walnüsse
2 EL Zitronensaft
Chiliflocken nach
Geschmack

400 g Grillgemüse wie
Paprika, Auberginen,
Zucchini, Tomaten
Kräutersalz

Den Rucola waschen und trockenschleudern. Mit allen anderen Zutaten in einen Mixer geben und feinst pürieren. Creme würzig abschmecken. Das Grillgemüse vorbereiten und leicht salzen. Beidseitig grillen und noch heiß mit der Rucolacreme servieren.

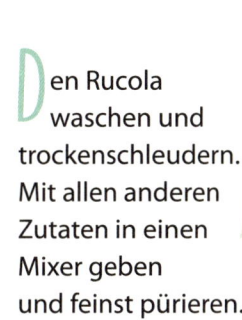

Kirchberg am Wagram

1. Essbare Gemeinde Niederösterreichs

Alchemistenpark

Diese Gemeinde ist ein Vorreiter in Sachen „Essbare Gemeinde". Auch wenn sich der Gemeinderat erst 2013 dazu entschlossen hat, den Titel „1. Essbare Gemeinde NÖ" zu tragen, reichen die Bemühungen für diese Initiative schon ins Jahr 2003 zurück. Schon damals wurde der erste „Essbare Garten" für die Kindergartenkinder angelegt.

Im Zuge der Planungen zur Landesgartenschau 2007 wurden Gemeinden dazu eingeladen, Gartenprojektideen zu verwirklichen. Ernst Vogel, ein Pionier der Dorferneuerung in Kirchberg am Wagram, und Siegfried Tatschl trafen sich mit dem zuständigen Vizebürgermeister Hubert Fiegl, um Vorschläge für Pflanzungen auf einer Grünfläche im Ort vorzustellen. Aus diesem

ORT 3470 Kirchberg am Wagram/NÖ
PROJEKTBETREIBER Marktgemeinde Kirchberg am Wagram
PROJEKTSTART
 Essbare Gemeinde: 2013
 Alchemistenpark: 2007
 Essbarer Kindergarten 2003
AWARDS 3. Preis beim European Ecological Garden Award 2015
ANDERE ESSBARE PLÄTZE
 Essbarer Schulhof, öffentliche Flächen im Ortsgebiet Kirchberg und den Dörfern der Katastralgemeinde
INITIATOREN Im Zuge der Landesgartenschau Tulln 2007 wurde die Idee der „Essbaren Landschaft" im Alchemistenpark geboren: Ernst Vogel, Hubert Fiegl, Mag. (FH) Siegfried Tatschl.
GESTALTUNG UND UMSETZUNG
 Mag. (FH) Siegfried Tatschl, Bauhof der Marktgemeinde Kirchberg, Kinder, Lehrkräfte, Kindergartenpädagoginnen, Eltern
FLÄCHE 13.500 m²
BEWIRTSCHAFTUNGSART
 ausschließlich nach ökologischen Kriterien
ERNTE jederzeit für alle
INTENTIONEN umfassende Sammlung aller Obst- und Nussarten, die in dieser Klimazone wachsen können; Experimentierstation; mit dem „Essbaren Kindergarten" und dem „Essbaren Schulhof" wird auch die nächste Generation erreicht
BESUCHSMÖGLICHKEITEN
 jederzeit frei zugänglich
EXKURSIONEN/FÜHRUNGEN ja
MITGLIED VON „EINFACH ESSBAR" ja

Treffen ging eine äußerst fruchtbare Zusammenarbeit hervor, die in der Gestaltung des als „Essbare Landschaft" konzipierten Alchemistenparks mündete. Die Idee „Alles Essbar" hat sich auf diesem Boden weiterentwickelt: vom „Essbaren Kindergarten-Garten" zur „Essbaren Gemeinde".

In der Gestaltung mit alten und neuen Obstsorten wird das Alchemiethema der „Wandlung" aufgegriffen. Wir finden alte Wildobst- harmonisch neben neuen Kultursorten. Neben Obstbäumen, ausdauerndem Gemüse und Gewürzsträuchern sind hier die unterschiedlichsten bekannten Nussarten und Raritäten wie die Butterherznuss vertreten. Auch seltene und alte Obstsorten wie Maibeere, rotfleischiger Pfirsich, Indianerbanane und Kakifrüchte laden zum Naschen ein.

Die „Essbare Gemeinde Kirchberg" ist ein wunderbares Beispiel dafür, dass eine derartige „Essbare Initiative" Zeit, Herz und Durchhaltevermögen von allen Beteiligten abverlangt. Siegfried Tatschl verrät uns seine Vorgehensweise und Philosophie: „Der Schlüssel für den Erfolg solcher Initiativen ist die gelungene Zusammenarbeit von engagierten Einzelpersonen, Gruppen und Vereinen sowie den politisch Verantwortlichen. In jedem dieser Bereiche braucht es zumindest eine Person, die sich für das Anliegen engagiert, bereit ist mit allen zu reden und viel Geduld bei Rückschlägen aufbringt. Bei derartigen Entwicklungen können Ängste und Neid entstehen – auch mit Gegenspielern muss man rechnen. Die praktische Beteiligung möglichst vieler Menschen sowie die Anerkennung und Wertschätzung ihres Beitrags führen schlussendlich aber zum Ziel."

Alt und Neu harmonieren hier bestens.

KONTAKTDATEN
www.kirchberg-wagram.at
Josef Humer: humer@kirchberg-wagram.gv.at, +43 2279 23 32 15

EINTROPFSUPPE MIT MARONIMEHL

WACHOLDERPESTO

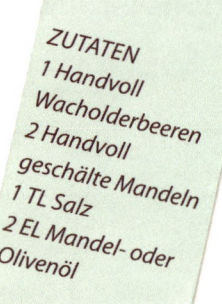

Die Eier in eine Schüssel aufschlagen. Maronimehl und Weizen- oder Dinkelmehl dazugeben und mit den Gewürzen mit einem Schneebesen gut verschlagen, sodass ein zähflüssiger Teig entsteht. Falls der Teig zu flüssig ist, entsprechend Maronimehl sowie Weizen- oder Dinkelmehl dazugeben. Die Suppe zum Kochen bringen. Die Teigmasse langsam hineintropfen und 5 Minuten leicht köcheln lassen. Mit Kräutern bestreut anrichten und servieren.

ZUTATEN
2 Eier
40 g Maronimehl
40 g Weizen- oder Dinkelmehl
Szechuanpfeffer
Muskatnuss
Salz

1 l klare Gemüsebrühe

Kräuter zum Bestreuen

ZUTATEN
1 Handvoll Wacholderbeeren
2 Handvoll geschälte Mandeln
1 TL Salz
2 EL Mandel- oder Olivenöl

Wacholderbeeren, Mandeln, Salz und Mandel- oder Olivenöl zusammen in die Küchenmaschine geben und ganz fein pürieren. Danach die Masse in Gläser füllen. Das Pesto hält sich im Kühlschrank problemlos ein Jahr lang. Es eignet sich gut zum Aromatisieren von Suppen. Passt aber auch sehr gut für Pasta oder als Würzmittel für Wildgerichte.

Die Rezepte dieser Seite stammen aus dem Buch „555 Obstsorten für den Permakulturgarten und -balkon" (Löwenzahn-Verlag 2015) von Siegfried Tatschl.

QUITTENMARMELADE MIT ROTWEIN UND STERNANIS

Die fertig geputzten Quitten mit einer Küchenmaschine raspeln. In einen passenden Topf geben, mit dem Rotwein und den rosa Beeren aufkochen und circa 20 Minuten leicht köcheln lassen. Dann Balsamico und Sternanis dazugeben und mit dem Zucker 5 Minuten kochen lassen. Sternanis heraus-

nehmen und die köstliche Marmelade in saubere Gläser abfüllen. Sofort verschließen und mit dem Deckel nach unten auf ein Geschirrtuch stellen. Nach dem Auskühlen umdrehen und in einem dunklen, trockenen Raum lagern.

ZUTATEN
1 kg fertig geputzte und geschälte Quitten
500 ml Rotwein
2 KL rosa Beeren
2 EL Balsamico
500 g Gelierzucker 2 : 1
2 ganze Sternanis

Waidhofen an der Thaya

„Einfach Essbar"-Stadt

Essbarer Stadtpark – Naschpark

Waidhofen an der Thaya ließ sich, zur Freude des „Einfach Essbar"-Teams, von unserem Onlinenetzwerk und Buchprojekt inspirieren. Die Umsetzung steht noch am Anfang, doch das organisatorische Grundgerüst wurde mit viel Engagement errichtet.

Die „Aktion Tut Gut – Gesunde Gemeinde" stellt sich mit Fachwissen und aktivem Tun in den Dienst der Sache. „Von der Idee ‚Einfach Essbar' waren alle Arbeitsgruppenmitglieder sofort begeistert", so Eunike Grahofer, Mitinitiatorin und Ethnobotanikerin. Einigkeit herrschte auch darüber, dass es sich um einen wertvollen, zukunftsorientierten Schritt handelt, um die Arten-

vielfalt der Region und den wichtigen Zusammenhang zwischen frischen LEBENS-Mitteln aus der Natur und der Gesundheit der Menschen zu fördern.

Stadtrat Alfred Sturm initiierte Projektexkursionen in die Obststadt Wiener Neustadt (s. S. 36) und zur Wiege der „Einfach Essbar"-Bewegung: zur „1. Essbaren Gemeinde Österreichs" in Übelbach (s. S. 92). Danach wurden Gespräche mit der Stadtregierung und dem Stadtgartenamt geführt, um dem Projekt eine möglichst breite Basis zu bereiten.

Die Stadt ist in der glücklichen Lage, dass sich zahlreiche Grünbereiche in ihrem Eigentum befinden und die engagierte Leiterin der Stadtgärtnerei, Frau Ploner, ebenfalls ihre vollste Unterstützung zusichert. So ist es möglich, im Stadtpark ein intelligentes Bewässerungssystem für die Beete einzubauen. Ebenfalls mit der Unterstützung der Stadtgärtnerei plant die Arbeitsgruppe, mobile Hochbeete zu errichten, die gemeinsam mit den

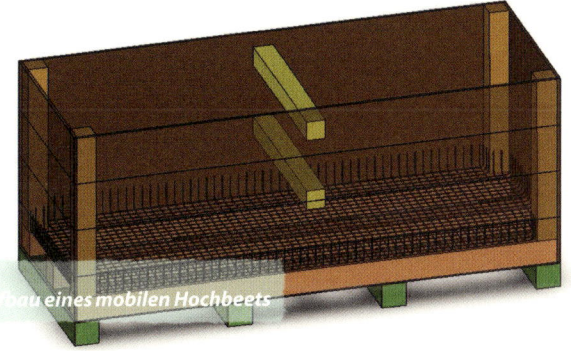
Aufbau eines mobilen Hochbeets

ORT 3830 Waidhofen an der Thaya

PROJEKTBETREIBER
Stadtgemeinde Waidhofen an der Thaya, Arbeitsgruppe „Gesunde Gemeinde"

PROJEKTSTART Frühjahr 2016

ANDERE ESSBARE PLÄTZE Arbeiterkammer-Parkplatz, Campingplatz diverse Warteflächen in der Innenstadt (z. B. Günbereiche bei Ampeln), Spielplätze, essbare Ruhezone beim Spazierweg entlang der alten Stadtmauer

INITIATOREN Stadtgemeinde Waidhofen an der Thaya, Arbeitsgruppe „Gesunde Gemeinde"

GESTALTUNG UND UMSETZUNG
Stadtgärnterei Waidhofen an der Thaya, Arbeitsgruppe „Gesunde Gemeinde"

FLÄCHE viele verschiedene Areale unterschiedlicher Größe

BEWIRTSCHAFTUNGSART
Mischkultur; mobile Hochbeete, essbarer Klostergarten, geschützte, gefährdete und essbare Pflanzen, Früchtenaschgarten, alte Gemüsesorten

ERNTE Jederzeit für alle möglich!

INTENTIONEN Einbindung der Schulen; Schaffung mobiler Hochbeete; Grundsatz: bewusst integrieren und Bestehendes erhalten; bewusster Umgang mit Ressourcen!

BESUCHSMÖGLICHKEITEN
jederzeit frei zugänglich

EXKURSIONEN/FÜHRUNGEN
ja; Voranmeldung bei Stadtrat Alfred Sturm oder Eunike Grahofer

MITGLIED VON „EINFACH ESSBAR" ja

Schülern und Schülerinnen der umliegenden Schulen bepflanzt werden. Bürgermeister Robert Altschach und andere politische Vertreter der Gemeinde stehen unterstützend hinter der Umsetzung des Projekts „Einfach Essbar – Essbare Stadt Waidhofen". Dadurch kann sich die Initiative nachhaltig entwickeln. Über die nächsten Jahre sollen im gesamten Gemeindegebiet essbare Oasen für die Bürger und Bürgerinnen entstehen.

Die Bepflanzung wird jährlich in Abstimmung zwischen der Arbeitsgruppe „Gesunde Gemeinde", der Stadtgärtnerei und unter Berücksichtigung der Wünsche der Bevölkerung nach fachlicher Rücksprache mit Johnny Peham von „Einfach Essbar" sowie der „Aktion Gesunde Gemeinde NÖ" erfolgen. Es sind primär alte, heimische, robuste Pflanzen vorgesehen. „Der Gedanke, bewusst Bereiche mit alten Obst- und Gemüsesorten für die Bevölkerung zur freien Entnahme zu gestalten, sollte von jeder zukunftsorientierten Stadt aufgegriffen werden!", meint Stadtrat Sturm. Wir freuen uns schon darauf!

KONTAKTDATEN
Stadtgemeinde Waidhhofen: http://www. waidhofen-thaya-stadt.at
Leiter Arbeitsgruppe Gesunde Gemeinde:
STR ÖKR Alfred Sturm: stadtamt@waidhofen-thaya.gv.at
Initiatorin Kräuterpädagogin Eunike Grahofer: www.eunikegrahofer.at

KÄSEROULADE MIT BROMBEERMUS

Für das Brombeermus die Brombeeren in einen Kochtopf geben, mit Wasser auffüllen, bis die Früchte gerade mit Wasser bedeckt sind und weich kochen. Mithilfe eines Schöpfers aus dem Kochwasser nehmen und mit der Flotten Lotte passieren. Dann so viel vom Kochwasser hinzufügen, bis die Fruchtmasse eine schöne streichfähige Konsistenz hat. Nun dem Brombeermus etwas Rotwein, Minze und Gundelrebe zugeben, nochmals erwärmen und etwas dunkle Schokolade darin schmelzen.

ZUTATEN
1 Handvoll Brombeeren
1 Schuss Rotwein
je 2 Blatt Minze
und Gundelrebe
20 g dunkle Schokolade,
250 g Käse (Gouda oder
Emmentaler)

Für die Roulade so viel Wasser in einen Kochtopf geben, dass der verpackte Käse darin schwimmen kann. Sobald das Wasser kocht, den Käse hinzufügen. Inzwischen ein Stück Butterbrotpapier auf ein (Nudel-)Brett legen. Sobald der Käse in der Verpackung geschmolzen ist, die zähflüssige Masse auf das Butterbrotpapier gießen. Mit einem Nudelholz den Käse über das ganze Brett verteilen, er sollte möglichst dünn ausgerollt werden. Nun den Käse mit dem Fruchtmus bestreichen und zügig zu einer Roulade einrollen. Nun kommt die Käse-Wildfrucht-Roulade in den Kühlschrank, bis sie ganz ausgehärtet ist. Dann dünne Scheiben herunterschneiden und garniert mit ein paar Weintrauben und Apfelstücken mit frischem Brot servieren (s. S. 50, 55, 58).

Dieses Rezept stammt von Eunike Grahofer.

SPINATSTRUDEL

ZUTATEN
1 Zwiebel
1–2 EL Öl
2 Handvoll
Wildkräuter
300 g Blattspinat
1 Ei
150 g geriebener
Schnittkäse
Salz, Pfeffer
1 Pkg. Blätterteig
1 Ei zum Bestreichen

Gehackte Zwiebel in Öl anschwitzen, klein geschnittene Kräuter dazugeben und 20 Minuten dünsten. Abkühlen lassen und mit dem Spinat, Ei sowie Käse vermengen mit Salz und Pfeffer würzen. Die Masse auf den Blätterteig streichen und zusammenrollen. Mit dem verquirlten Ei bestreichen und im vorgeheizten Backofen bei 200 °C 45 Minuten backen. Wer möchte, kann dazu einen Kräuterdip servieren. Hierfür Zwiebeln fein hacken und glasig rösten. Gehackte Brennnesselblätter, würfelig geschnittene Zucchini und geschälte würfelig geschnittene Tomaten mitdünsten. Mit Kräutersalz, gehacktem Knoblauch, fein geschnittenen Kräutern würzen und je nach Geschmack Schlagobers (Schlagsahne) dazugeben.

Dieses Rezept stammt von Eunike Grahofer.

PETERSILIENSPAGHETTI

ZUTATEN
250 g Spaghetti
2 Zwiebeln
2 Knoblauchzehen
30 g Butter
125 ml Weißwein
150 ml Schlagobers
(Schlagsahne)
Salz
40 g Petersilie

Die Spaghetti in ausreichend Salzwasser al dente kochen. Zwiebel und Knoblauch schälen und fein schneiden. Butter zerlassen und beides darin anbraten. Weißwein zufügen und salzen. Kurz dünsten lassen. Zum Schluss Schlagobers und fein geschnittene Petersilie dazugeben und würzig abschmecken. Nudeln anrichten und die Petersiliensoße darüber gießen. Mit einem Ästchen Petersilie garniert servieren.

Waidhofen a/d Ybbs

„Einfach Essbar"-Stadt – kost.bares Waidhofen

Bürgergarten

Lange Zeit lag der „Bürgermeistergarten" neben dem Stadtturm in einem Dornröschenschlaf. Im Jahr 2015 wurde er aufgeweckt – im Zuge eines großen Projekts mit dem Titel „kost.bares Waidhofen". Schon im 16. und 17. Jahrhundert wurde der im Volksmund benannte „Bürgermeistergarten" von der Öffentlichkeit genutzt. Die Bevölkerung pflückte nach Bedarf das Obst von den Bäumen. Bürgermeister Werner Krammer gab in einem ersten Schritt dieses Fleckchen Waidhofen den Bürgern und Bürgerinnen zurück;

ORT 3340 Waidhofen an der Ybbs
PROJEKTBETREIBERIN Stadt Waidhofen an der Ybbs
PROJEKTSTART 2015
AWARDS „Natur im Garten"-Gemeinde, 2015
ANDERE ESSBARE PLÄTZE Schulgarten/Schulzentrum am Lokalbahnhof; ab 2016: Selbstversorgergärten am Krautberg und weitere öffentliche essbare Flächen
INITIATORIN Magistrat Waidhofen an der Ybbs gemeinsam mit einer Arbeitsgruppe von engagierten BürgerInnen
GESTALTUNG UND UMSETZUNG Stad Waidhofen an der Ybbs mit einem Team rund um Stadtgärtner Jan Fabian
FLÄCHE 250 m²
BEWIRTSCHAFTUNGSART biologisch, nachhaltig
ERNTE Selbsterntegarten, gratis für alle Benutzer
INTENTIONEN soziales Miteinander und ökologisches Bewusstsein fördern und stärken
BESUCHSMÖGLICHKEITEN jederzeit frei zugänglich
EXKURSIONEN/FÜHRUNGEN ja, nach Anmeldung
MITGLIED VON „EINFACH ESSBAR" ja

Im Miteinander kann Großes wachsen.

es heißt nun „Bürgergarten". „kost.bares Waidhofen ist im doppelten Sinn zu verstehen", sagt Krammer, „als essbar und als wertvoll." Die Initiative verdeutlicht die Offenheit, Naturverbundenheit und Lebensqualität dieser Gemeinde. Rund um Siegfried Tatschl (Initiative Kirchberg am Wagram, s. S. 24) wurde eine Strategiegruppe gegründet. Ansprechpartner der Stadtgemeinde ist Gerald Käferbeck.

Der „Bürgergarten" ist ein Stück Natur in der Stadt und ein Garten für alle. Der Schwerpunkt im Anbau liegt auf alten Obstsorten und ausgefallenen, seltenen Pflanzen. Auf den öffentlichen Gründen am „Krautberg" etwa entstehen kleine Gartenflächen, die von den GemeindebürgerInnen nach eigenen Vorlieben bepflanzt werden können. Ein gemeinsamer Komposthaufen ist in Planung, genauso ein eigens angelegtes Plätzchen für gemütliches Beisammensein.

Das Obst, das Gemüse und die Kräuter aus diesen Gärten können von den WaidhofnerInnen sowie von Gästen geerntet und für den Eigengebrauch verwendet werden. Um der Bevölkerung, gerade am Anfang behilflich zu sein, übernehmen die Mitarbeiter der Stadtgärtnerei den „Löwenanteil" der Gartenarbeit, vor allem wenn es um Bepflanzung und Pflege geht.

Das Projekt „kost.bares Waidhofen" soll Jung und Alt zusammenbringen und das gemeinschaftliche Miteinander und die Naturverbundenheit fördern. In den nächsten Jahren werden auf vielen öffentlichen Flächen wie Schul- und Kindergartenarealen naturnahe Gärten entstehen. Dies eröffnet auch Kindern und PädagogInnen die Möglichkeit, Früchte anzubauen, zu ernten und den wichtigen Wissenstransfer über Anbau-, Ernte- und Veredelungsmethoden zu sichern.

Den Verantwortlichen der Stadt ist es ein großes Anliegen, Kindertagesstätten und Schulen sowie Privatpersonen Gartenflächen anzubieten und so den Gedanken der Selbstversorgung wiederzubeleben. Bürgermeister Werner Krammer: „Es geht auch um das Gefühl, dass gerade miteinander oft etwas Großes wächst."

KONTAKTDATEN
Gerald Käferbeck, Oberer Stadtplatz 28, 3340 Waidhofen an der Ybbs
gerald.kaeferbeck@waidhofen.at , +43 676 885 11-4 01

GEBRATENER MANGOLD MIT EIERREIS

KIWI-SORBET

Mangold wenn nötig säubern und gesondert in circa 2 cm breite Stücke schneiden. Den Reis in Salzwasser aufkochen und dann auf kleine Flamme zurückschalten. Nach 15 Minuten Herd ganz ausschalten und Reis noch 10 Minuten fertig garen lassen. Knoblauch schälen und fein schneiden. Butter in einer breiteren Pfanne zerlassen und den Knoblauch darin ganz kurz anrösten. Grünen Mangold zufügen und 2 Minuten unter Rühren garen. Danach den roten Mangold zugeben und weitere 2 Minuten unter Rühren garen. Dann den Reis zufügen und verrühren. Eier aufschlagen und über die Reis-Mangold-Masse gießen. Alles gut durchrühren und abschmecken. Die Mandelsplitter in der erhitzten Butter hellbraun rösten und beim Anrichten über das Gericht streuen.

ZUTATEN
200 g grüner Mangold
200 g roter Mangold
200 g Reis
3 Knoblauchzehen
60 g Butter
400 ml Wasser
Salz
3 Eier
50 g Mandelsplitter

Kiwi schälen und mit dem Likör pürieren. Den Zitronensaft und Staubzucker zufügen und gut unterrühren. Kiwimasse in eine in der Größe passende Glasschüssel geben und 3 Stunden tiefkühlen, wobei immer wieder umgerührt wird. Durch den Alkohol wird dieses Sorbet nur halb und nicht ganz fest gefroren. Sorbet in netten Schälchen anrichten und mit frischen Kiwischeibchen garnieren.

ZUTATEN
8 Stück Kiwi
40 ml Kiwilikör
60 g Staubzucker
(Puderzucker)
Saft von 2 Zitronen

APFEL–KÜRBIS–TIRAMISU

Kürbis schälen, entkernen und in kleine Würfel schneiden. Äpfel ebenso vorbereiten. Die Apfel- und Kürbiswürfel im Apfelsaft in wenigen Minuten weichdünsten. Danach auskühlen lassen und anschließend fein pürieren. Gelatine im kalten Wasser einweichen. Schlagobers steif aufschlagen. Mascarpone und Honig gut miteinander verrühren. Gelatine in einem kleinen Topf auflösen und mit etwas Mascarponecreme abkühlen. Danach in die restliche Mascarponecreme einrühren. Schlagobers und Fruchtmus unterheben. Eine Tiramisuform mit Frischhaltefolie auslegen, die Biskotten in Apfelsaft tränken und den Boden der Form damit auslegen. Dann mit Creme bedecken und anschließend wieder mit einer Schicht Biskotten belegen. So lange fortfahren, bis die Masse verbraucht ist. Dann für gut 2 Stunden in den Kühlschrank stellen. Währenddessen das Kürbiskrokant vorbereiten. Dazu den Zucker in einer Pfanne karamellisieren. Das Kürbisfleisch wird in kleine Würfel geschnitten und zum Zucker gegeben. Kurz durchrühren und dann auf einen Bogen Backpapier gießen und auskühlen lassen. Zum Servieren das Tiramisu in gefällige Stücke schneiden und mit Krokant bestreuen.

ZUTATEN
400 g Piena di Napoli
400 g Äpfel
65 ml Apfelsaft
500 g Mascarpone
250 ml Schlagobers
(Schlagsahne)
5 Blatt Gelatine
200 g Honig

1 Pkg. Biskotten
(Löffelbiskuit)
125 ml Apfelsaft

Kürbiskrokant
100 g Kürbisfleisch
80 g Feinkristallzucker

Wiener Neustadt

„Einfach Essbar"-Obststadt

Stadtgarten

em Initiator dieser wunderbaren Inititative, Martin Mollay, war es in seiner Arbeit als Überlebenstrainer seit jeher ein Bedürfnis, Menschen auf die Vielfalt und die Reichtümer der Natur hinzuweisen. Aus diesem Gedankengut heraus initiierte er 2012 in Eigenregie die „Obststadt Wiener Neustadt". Martin konnte den damaligen Bürgermeister Bernhard Müller dafür gewinnen, ein Stück Natur in die Stadt zu bringen und begann Obstbäume auf öffentlichen Grünflächen zu pflanzen.

Ziel war es, den Einwohnern und Einwohnerinnen Wiener Neustadts den direkten Bezug zu gesunder, regionaler Nahrung zu eröffnen, um so in weiterer Folge eine „Obst-Autarkie" der ganzen Stadt zu erlangen.

Die erste Pflanzaktion fand im „Stadtpark" statt. Zahlreiche mittelhohe Obstbäume stehen der Bevölkerung seither zum Ernten zur Verfügung. Laufend werden neue Bäume verschiedenster Sorten gepflanzt. Der Großteil der Setzlinge wird durch Spenden von sogenannten „Baumpaten" erworben und im Idealfall mit den Spenderinnen und Spendern gepflanzt. In den letzten Jahren konnten gemeinsam mit Freiwilligen und Kindern aus Schulen und Kindergärten eine Trockensteinmauer, ein Insektenhotel, drei Hochbeete und einige Beerensträucher den Besuchern des „Stadtparks" zur freien Verfügung gestellt werden. Martin Mollay widmet sich ehrenamtlich der Pflege der Anlage und freut sich über aktive Mitarbeit der Wiener NeustädterInnen.

Die „Obststadt" wird im Moment noch hauptsächlich vom Initiator selbst und einem kleinen Team aus frei-

Die Obststadt Wiener Neustadt zeigt, wie es geht.

ORT Promenade 1, 2700 Wiener Neustadt

PROJEKTBETREIBER
Martin Molley

PROJEKTSTART
„Obststadt Wr. Neustadt": 2012
„Stadtpark": September 2012

AWARDS Innovations-Award 2014

ANDERE ESSBARE PLÄTZE
Anton-Wodica-Park, Zehnergasse,
Saubersdorfer Gasse, Akademie,
Schmuckerer-Obstgarten, Arena
Nova, Schnotzendorfer Straße

INITIATOREN Martin Mollay, Gemeinde
Wiener Neustadt, Arena Nova,
EM-Gemeinschaft, Baumschule
Schwarz, Natur im Garten

GESTALTUNG UND UMSETZUNG
Martin Mollay, Stadtgartenamt,
Natur im Garten, viele Freiwillige

FLÄCHE 1500 m²

BEWIRTSCHAFTUNGSART
biologisch, Permakultur

ERNTE Selbsterntegarten, gratis für
alle Besucher

INTENTIONEN Es soll den Bürgerinnen
und Bürgern der Stadt die Möglichkeit geboten werden, sich mit
Obst und Gemüse zu versorgen und
dabei noch den Gemeinschaftssinn
zu fördern. In weiterer Folge will
dieses Projekt dazu dienen, andere
Gemeinden und Kommunen anzure-
gen Ähnliches zu tun.

BESUCHSMÖGLICHKEITEN
jederzeit frei zugänglich

EXKURSIONEN/FÜHRUNGEN
ja, nach Anmeldung
bei Martin Mollay

MITGLIED VON „EINFACH ESSBAR" ja

willigen HelferInnen getragen und hat sich auf mittlerweile acht öffentliche Selbsterntegärten erweitert. Das
Interesse der Bevölkerung und der Medien ist ungebro-
chen groß. Es wird fleißig geerntet, und soziale Institutionen beteiligen sich am Aufbau und der
Bewirtschaftung. Die „Obststadt" entwickelt sich
zum Vorzeigemodell für andere Städte und Kommunen (s. Waidhofen an der Thaya, S. 28). Auf der
offiziellen Projekt-Homepage befindet sich eine tolle
Fruitmap, die ständig aktualisiert wird.

Die Zeichen für die Zukunft der „Obststadt" stehen
gut. Die neue Stadtregierung unter Bürgermeister Klaus
Schneeberger bekennt sich zu diesem neuen, kraftvol-
len Weg und unterstützt die Inititative mit Rat und Tat.

KONTAKTDATEN
www.obststadt.at
Facebook-Seite vorhanden
Martin Mollay: info@obststadt.at

BIRNEN–PASTA MIT
RADICCHIO UND WALNÜSSEN

Schalotten schälen und sehr fein würfeln. Radicchio putzen, waschen und in feine Streifen schneiden. Birnen ebenfalls waschen, entkernen und in 1 cm große Würfel schneiden. Walnüsse grob zerteilen und bei mittlerer Hitze (ohne Fett) leicht rösten. Die Nudeln in kochendem Salzwasser nach Packungsanleitung kochen.

Währenddessen Öl in die Pfanne gießen, Schalotten- und Birnenwürfel darin bei mittlerer Hitze 5 bis 6 Minuten unter Rühren dünsten, danach die Walnüsse zufügen. Hafercreme in die Pfanne geben und 2 bis 3 Minuten cremig einkochen lassen, mit Salz und Pfeffer würzen. Abgeseihte Nudeln gut abtropfen lassen und mit den Radicchiostreifen zur Soße geben. Alles gut miteinander vermischen und nach Belieben mit frisch geriebenem Pfeffer servieren.

ZUTATEN
5 kleine Schalotten
2–3 Köpfe Radicchio
(ca. 250–320 g)
4 Birnen (ca. 400 g)
100 g Walnusskerne
500 g Dinkelvoll-
kornpasta
350 ml Hafer- oder
Sojacreme
Pfeffer, Salz
Olivenöl

Dieses Rezept wurde uns von Martin Mollay zur Verfügung gestellt.

APFEL–NUSS–DESSERT

Für die karamellisierten Nüsse den Zucker in einer Pfanne karamellisieren und die Nüsse dazugeben. Umrühren und auf einen Bogen Backpapier geben und etwas verteilen. Die Äpfel schälen, vierteln, entkernen und blättrig schneiden. Weißwein aufkochen, Äpfel und Zimt zufügen und 3 Minuten köcheln lassen. Danach abkühlen lassen. Topfen und Honig verrühren. Schlagobers aufschlagen und unter die Creme heben. Karamellisierte Nüsse hacken. Abwechselnd Äpfel, Krokant und Topfencreme in Gläser schichten. Hübsch dekorieren und servieren.

ZUTATEN
50 g brauner Zucker
50 g Walnüsse
600 g Äpfel
125 ml Weißwein
Zimtpulver
250 g Magertopfen
(Magerquark)
4 EL Blütenhonig
250 ml Schlagobers
(Schlagsahne)

FLAMBIERTE PFIRSICHE MIT VANILLEEIS UND NÜSSEN

ZUTATEN
4 Pfirsiche
20 g Butter
40 g Kristallzucker
80 g Walnüsse
200 g Vanilleeis

Die Pfirsiche schälen, halbieren und entkernen. Die Butter in einer Pfanne zerlassen und die Pfirsiche einlegen. Zudecken und bei kleinster Flamme 3 Minuten erwärmen. Für die karamellisierten Nüsse den Zucker in einer Pfanne karamellisieren und die Nüsse dazugeben. Umrühren und auf einen Bogen Backpapier geben und etwas verteilen. Die Pfirsiche aus der Pfanne nehmen und jeweils 2 Stück auf einen Teller setzen. Mit jeweils einer Kugel Vanilleeis füllen und mit Nusskrokant bestreuen.

Aigen-Schlägl

Biogemeinschaftsgarten

Biogartenhof Mühlland

Der Biogartenhof Mühlland ist nicht nur besonders idyllisch gelegen, er bietet vor allem Menschen, Tieren und Pflanzen einen natürlichen Raum des Wachstums und der Inspiration. Initiiert und begleitet wird dieses Projekt von Roswitha Diaz-Winter, die einen Teil ihrer landwirtschaftlichen Fläche dem Biogemeinschaftsgarten Aigen-Schlägl zur Verfügung stellt.

Die GärtnerInnen bestellen ihre eigenen Beete, die im Frühjahr für sie vorbereitet werden. Der gesamte Betrieb ist biozertifiziert, daher wird in der Bewirtschaftung besonderer Wert darauf gelegt, dass im biologischen Sinne gepflanzt und bearbeitet wird.

Den Gärtnerinnen und Gärtnern stehen zusätzlich zu den Erntemöglichkeiten aus ihren Gärten auch Gemeinschaftsflächen zur Verfügung. Sie können das reichhal-

ORT Wurmbrand 8, 4160 Aigen-Schlägl
PROJEKTBETREIBERIN Roswitha Diaz-Winter
PROJEKTSTART Mai 2013
INITIATORIN Roswitha Diaz-Winter
GESTALTUNG UND UMSETZUNG Roswitha Diaz-Winter
FLÄCHE 1500 m², davon 400 m² im Gemeinschaftsgarten
BEWIRTSCHAFTUNGSART biozertifizierte Landwirtschaft (Prüfstelle Lacon), Permakultur
ERNTE die GemeinschaftsgärtnerInnen
INTENTIONEN das Unterstützen von Menschen im Umgang mit Natur und Garten; der Anbau von natürlich gewachsenem Obst- und Gemüse; das Ernten und Säen in Gemeinschaft; das Vorbereiten und die Mithilfe bei der Pflege der Beete für Menschen, die wenig Zeit haben; Verarbeitung von Wolle und Vermittlung von Fertigkeiten (spinnen, färben)
BESUCHSMÖGLICHKEITEN nach Vereinbarung jederzeit möglich
EXKURSIONEN/FÜHRUNGEN sehr gerne, auch zu unterschiedlichen Themenschwerpunkten (Gemeinschaftsgarten, Permakultur, Wolle und Wollverarbeitung, seltene Tierrassen …)
MITGLIED VON „EINFACH ESSBAR" ja

Mitmachen und Nachmachen!

tige Angebot von Früchten, Stecklingen und Saatgut mitbeanspruchen.

Unterstützt werden die Gemeinschaftsgärtner ebenfalls im Erlernen verschiedener natürlicher Gartentechniken und Produktveredelungsmaßnahmen. Der Leitgedanke der Permakultur „Sorge für die Erde, sorge für die Menschen, reduziere und teile gerecht" sowie die Tatsache, dass das „Garteln" nicht etwas Angeborenes ist, sondern im wahrsten Sinn des Wortes erarbeitet werden muss, ist wesentlicher Bestandteil der Grundphilosophie. Für die gesamte Landwirtschaft gilt hier: „Was wird und wächst, das haben wir zur Verfügung!" Daraus ergibt sich auch die Schlussfolgerung, dass der Natur vom Menschen nichts aufgezwungen wird, um einen bestimmten Ernteertrag einer Pflanze zu erzielen.

Der Biogartenhof Mühlland bietet den GärtnerInnen und Gästen die Möglichkeit, sich neues und altes Wissen anzueignen. Besonders interessant ist der Schwerpunkt: „Wolle und Färben". Auf dem Hof leben Böhmerwaldschafe, eine besonders geschützte und alte Rasse, die den Rohstoff für das Spinnen und Herstellen von Naturprodukten liefern. Die eigene Pflanzenfärberei und viele biozertifizierte Färberpflanzen geben Interessierten die Möglichkeit, in die Welt des Färbens und des Gestaltens mit

Wolle einzutauchen. Damit wird altes Wissen wieder weiterverbreitet.

In Zukunft werden am Hof auch Mikroworkshops stattfinden, in denen gelernt wird, Kostbarkeiten aus dem Garten richtig zu lagern und weiterzuverarbeiten. Der Biogartenhof Mühlland lädt zum Mitmachen und Nachmachen ein!

KONTAKTDATEN
www.biogartenhof-muehlland.at
Roswitha Diaz-Winter: r.diaz-winter@aon.at, +43 664 568 69 07

BUCHWEIZEN-DINKEL-BROT

Alle Zutaten miteinander vermengen und gut durchkneten. Anschließend den Teig mit einem Tuch zudecken und gehen lassen. Danach den Brotteig in zwei befettete Kastenformen verteilen und nochmals aufgehen lassen. Im vorgeheizten Backofen zuerst 1 Stunde bei 220 °C, dann bei 180 °C backen. Zur Schwadenbildung empfiehlt es sich, während des Backens ein Gefäß oder ein Backblech mit Wasser in den Ofen zu stellen.

ZUTATEN (2 Stück)
900 g Dinkelmehl
100 g Buchweizenmehl
je 1 Tasse Leinsamen-, Sesam-, Sonnenblumenkerne
20 g Salz
5 EL Obstessig
50 g Hefe
ca. 750 ml lauwarmes Wasser

SALAT VON 3-ERLEI RETTICH

Alle drei Rettichsorten sauber waschen und mit einer Reibe in feinste Blätter schneiden. Diese gut miteinander vermengen. Für die Marinade den Zitronensaft mit dem Öl, Salz und Zucker gut verrühren und die Rettichscheiben damit marinieren. Salat in Gläsern oder auch auf einem Teller anrichten. Mit fein geschnittener Petersilie garnieren.

ZUTATEN
100 g Radieschen
100 g Eiszapfen
100 g Schwarzer Rettich
Saft einer Zitrone
Kräutersalz
Maiskeimöl
1 Prise Zucker
Petersilie zum Bestreuen

HÜHNERFILET IN ZWIEBEL-PFIRSICHEN

Das Hühnerfilet in 3 cm dicke Scheiben schneiden. Mit Kräutersalz und Pfeffer würzen. Fett erhitzen und Filets darin beidseitig scharf anbraten. Dann aus der Pfanne nehmen und mit Folie abdecken. Zwiebel schälen und in Ringe schneiden. Diese in

die Pfanne geben und anrösten. Pfirsiche schälen und in Spalten schneiden. Zu den Zwiebeln geben und würzen. Mit Weißwein aufgießen und zugedeckt 5 Minuten leicht dünsten lassen. Dann die Filetstücke wieder dazugeben und scharf erhitzen. Die Zwiebel-Pfirsiche auf Tellern anrichten und die Filetscheiben darauflegen. Mit einer Pfirsichspalte belegen und mit einer Beilage wie Reis oder Kartoffeln servieren.

ZUTATEN
600 g Hühnerfilet
Kräutersalz, Pfeffer
2 EL Pflanzenöl
250 g Zwiebel
400 g Pfirsiche
100 ml Weißwein
Thymian

Kremsmünster

"Einfach Essbar"-Gemeinde

Hofwiesengarten

Eine „Essbare Gemeinde" aufzubauen, erfordert einiges an Vorbereitungsarbeiten", erzählt Vizebürgermeister Christian Kiennast, der seit langer Zeit am Konzept „Essbare Gemeinde Kremsmünster" arbeitet. „Wichtig ist es, den Politikern und Politikerinnen sowie der Bevölkerung viele Informationen über den Nutzen für die Ökologie und das soziale Miteinander einer ‚Essbaren Gemeinde' zu geben. Öffentliche Plätze zu öffentlichen Gärten umzuwandeln und diese auch zu betreuen, wird in Zukunft immer wichtiger werden!", so der Projektinitiator.

Nach der Planungsphase (informieren, Standorte evaluieren, Menschen begeistern) wurde das Vorhaben im Gemeinderat beschlossen. Anschließend betraute man den Umweltausschuss der Marktgemeinde mit der Auf-

gabe, dieses nachhaltige Zukunftsprojekt auf den richtigen Weg zu bringen. Der Gemeinderat machte Exkursionen in die „Essbare Stadt Andernach" (s. S. 120) und in die „1. Essbare Gemeinde Österreichs" nach Übelbach (s. S. 92), um weitere Ideen zu sammeln.

Die „Hofwiese" bot sich als erster öffentlicher Garten an. Zwanzig Obstbäume wurden von den Gemeinderäten in einer Gemeinschaftsaktion gepflanzt. Ziel der „Essbaren Gemeinde" ist es, allen Bürgerinnen und Bürgern das Anbauen und Ernten von eigenem, gesundem Gemüse zu ermöglichen. Entweder im eigenen Garten oder aber auf öffentlichen Flächen. Daher wurden zuerst auch drei Hochbeete errichtet, in denen schon in der ersten Saison leckeres biologisches Gemüse produziert werden konnte.

Ein Teil der „Hofwiese" wurde zum „Hofwiesengarten", der von einigen Nachbarn und von Menschen, die der Allgemeinheit etwas Schönes und Positives geben möch-

Biologische Gemüseproduktion

ORT Hofwiese, 4550 Kremsmünster
PROJEKTBETREIBER
        Marktgemeinde Kremsmünster
PROJEKTSTART Frühjahr 2015
ANDERE ESSBARE PLÄTZE Streuobst-
        wiese beim Kindergarten, Essbarer
        Garten im Gemeinschaftsbau
INITIATOREN Umweltausschuss der
        Gemeinde Kremsmünster
GESTALTUNG UND UMSETZUNG
        Bürger und Bürgerinnen von Krems-
        münster mit Unterstützung durch
        Gemeinde und Wirtschaftshof
FLÄCHE 500 m²
BEWIRTSCHAFTUNGSART
        rein biologisch
ERNTE Selbsterntegarten; gratis für
        alle Benutzer
INTENTIONEN Bewusstseinsbildung für
        biologisch erzeugte Produkte aus
        der Region fördern; Mitmenschen
        ohne eigenem Garten das Garteln
        ermöglichen; Wissenstransfer
        zwischen den Generationen; altes,
        robustes Saatgut erhalten; Vorzeige-
        projekt für weitere Selbsterntegär-
        ten werden
BESUCHSMÖGLICHKEITEN
        jederzeit frei zugänglich
EXKURSIONEN/FÜHRUNGEN
        wird in Zukunft möglich sein
MITGLIED VON „EINFACH ESSBAR" ja

ten, liebevoll betreut und gepflegt wird. Kinder und Erwachsene können bis in den Herbst hinein von den ebenfalls gepflanzten Beerensträuchern naschen. Großer Wert wird auf die natürliche Saatgutgewinnung gelegt. Samen der Gemüse-pflanzen und Kräuter können von jedem geerntet und vermehrt werden.

Der „Hofwiesengarten" erfreut durch seine Vielfalt und das rege Treiben, das dort seit der Umsetzung zum „Essbaren Garten" herrscht. Besonders innovativ zeigt sich die Gemeinde bei der Integration von Flüchtlingen und Asylwerbern. „Wir wollen unseren Garten auch dazu nutzen, ein neues Miteinander zu leben. Daher beziehen wir Menschen aus anderen Ländern und Kulturen gerne mit ein", erklärt Vizebürgermeister Kiennast.

Wir werden von und über die „Essbare Gemeinde Kremsmünster" in Zukunft sicher noch Positives und Ermutigendes hören.

KONTAKTDATEN
www.kremsmuenster.at
Christian Kiennast: c.kiennast@gmx.at

TOPFEN–KÄFERBOHNEN–CREME MIT PHYSALIS

Wenn die Käferbohnen frisch gekocht werden, diese über Nacht einweichen. Dann weichkochen und noch warm mit der Flotten Lotte passieren. Ansonsten bereits gekochte Käferbohnen mit der Flotten Lotte pürieren. Schlagobers steif aufschlagen. Gelatineblätter in kaltem Wasser einweichen. Topfen mit Zucker verrühren. Die eingeweichten Gelatineblätter in einem kleinen

Topf am Herd auflösen, ein wenig von der Topfenmasse zufügen und verrühren, damit die Gelatine abgekühlt wird. Gelatine mit dem Käferbohnenpüree zur Topfenmasse geben und glatt rühren. Wer mag, kann ein bisschen Rum dazufügen. Zuletzt Schlagobers unterheben. Creme 2 Stunden kalt stellen. Dann mit einem Eisportionierer Kugeln ausstechen und mit Physalis und Schokoraspel nett anrichten. Für die Schokoraspeln kann zum Beispiel ein Kartoffelschäler verwendet werden.

ZUTATEN
300 g gekochte Käferbohnen (Feuerbohnen)
250 ml Schlagobers (Schlagsahne)
4 Blatt Gelatine
250 g Magertopfen (Magerquark)
100 g Staubzucker (Puderzucker)
20 ml Rum

8 Stück Physalis
2o g Milch- oder Kochschokolade

VOLLKORN–NUSSKUCHEN MIT ÄPFELN

ZUTATEN
120 g Butter
80 g Honig
60 g brauner
Rohzucker
1 Pkg. Vanilllezucker
Schale von ½ Zitrone
1 Prise Salz, 5 Eier
200 g Dinkelvollmehl
½ Pkg. Backpulver
1 Prise Zimtpulver
200 g geriebene Papiernüsse
(Walnusssorte)
300 g säuerliche Äpfel
Saft von ½ Zitrone
40 g Rosinen
Braunzucker, Zimt und
Rosinen zum Bestreuen

Die Butter mit dem Honig, Roh- und Vanillezucker sowie der Zitronenschale und einer Prise Salz sehr schaumig rühren. Nach und nach die Eier beifügen und weiter schaumig rühren. Das Mehl mit dem Backpulver, dem Zimt und den Nüssen vermengen und unter den Butterabtrieb ziehen. Die Masse in eine größere Kuchenform oder auf ein Backblech streichen. Die Äpfel halbieren, entkernen und in gleichmäßig große Spalten schneiden. Die Kuchenoberfläche damit schön belegen. Mit Zitronensaft beträufeln und mit braunem Zucker, Zimt und Rosinen bestreuen. Den Kuchen im vorgeheizten Backofen bei 160 °C etwa 40 Minuten backen. Nach dem Erkalten in Schnitten teilen.

APFEL–WEIN–SUPPE

ZUTATEN
1 kg Äpfel
60 g Feinkristallzucker
½ KL Zimtpulver
Saft von 1 Zitrone
250 ml Wasser
40 g Butter
500 ml Weißwein
10 g Speisestärke
2 Scheiben Weißbrot

Die Äpfel schälen, vom Kerngehäuse befreien und in Scheiben schneiden. Mit Zucker, Zimt, Zitronensaft, Wasser und der Hälfte der Butter weich dünsten. Weißwein mit Speisestärke verrühren und in die kochende Apfelsuppe einrühren. Kurz aufkochen lassen. Vor dem Servieren mit in der restlichen Butter gerösteten Weißbrotwürfeln bestreuen.

Linz

Interkulturelle Gartengemeinschaft

BFI Mulden- und Raimundstraße

Das Berufsförderungsinstitut Oberösterreich (BFI) griff 2013 das Thema „Gemeinschaftsgarten" auf, um zwischen zugewanderten Menschen aus anderen Kulturen und Sprachkreisen und der Aufnahmegesellschaft Brücken zu schlagen. Das Verbindende steht hier im Vordergrund. Der Garten wird von Migranten und Migrantinnen, der örtlichen Bevölkerung und den Kunden und Kundinnen des BFI gemeinsam aufgebaut und betreut. Die Ziele dieser Initiative sind breit gesteckt. Von der Entwicklung eines demokratischen Bewusstseins über die Förderung der Kommunikations- und Kontaktfähigkeit bis hin zum thematischen Schwerpunkt des BFI-Teams: „Unterstützung der Menschen mit Migrationshintergrund durch Information und Vermittlung von adäquaten Sprachkenntnissen über das Alltagsleben im Garten und darüber hinaus ermöglichen!"

ORT Berufsförderungsinstitut Oberösterreich, Muldenstraße 5 4020 Linz
PROJEKTBETREIBER Berufsförderungsinstitut Oberösterreich
PROJEKTSTART Mai 2014
INITIATOR Berufsförderungsinstitut Oberösterreich
GESTALTUNG UND UMSETZUNG Berufsförderungsinstitut Oberösterreich
FLÄCHE 1700 m²
BEWIRTSCHAFTUNGSART rein biologisch
ERNTE Selbsterntegarten, gratis für alle
INTENTIONEN Garten als Plattform für interkulturelle Begegnungen; Deutsch als Zweitsprache im und mit dem Garten lehren und lernen; Kennenlernen von Kulturen und Gartenanbauweisen; Entwicklung und Weitergabe von altem und neuem Wissen; Garten als Ort des Genusses und als Quelle der Kraft und der Ruhe; einen Ort für Workshops und Seminare gestalten
BESUCHSMÖGLICHKEITEN jederzeit frei zugänglich
EXKURSIONEN/FÜHRUNGEN ja, nach Anmeldung
MITGLIED VON „EINFACH ESSBAR" ja

Den Dialog der Kulturen fördern

„Unser interkultureller Garten fördert den Dialog und die Begegnung von Menschen aus verschiedenen Kulturen", sagt Projektmitarbeiter Sabri Opak. Aktiviert werden insbesondere der interkulturelle Austausch, die soziale Integration und die Interaktion zwischen Alt- und Neueinheimischen. Durch das gemeinsame Arbeiten im Garten erfährt die Sprachkompetenz aller Beteiligten eine Erweiterung. Die Sprache konzentriert sich auf ganz authentische, praktische und alltägliche Themen rund um den Garten. „Im Garten gibt es bereits jetzt zwölf verschiedene Sprachen! Tolle Begegnungen und Erfahrungen sind möglich", freut sich der Initiator des Projekts Werner Mair. Neben der Förderung der zugewanderten Menschen bei deren Spracherwerb von Deutsch als Fremdsprache legen die OrganisatorInnen großen Wert auf bewusstes positives Besetzen der Muttersprache. Die Kommunikation verläuft meist mehrsprachig, und auch das spezifische Lernmaterial zum Gartenprojekt (Rezepte, Informationen über Anbaukulturen und Pflanzen aus den Herkunftsländern) wird in verschiedenen Sprachen angeboten. Das „Gartenjahr" bietet allen GärtnerInnen vielfältige Möglichkeiten für konkrete Gesprächssituationen, die immer wieder durchgespielt und reflektiert werden.

Mithilfe von Spielen und anderen unterstützenden Maßahmen werden Alltagssituationen dargestellt, die ganz konkret bei der Verständigung in deutscher Sprache helfen können. Zum Erlernen von Deutsch als Fremdsprache können sich MuttersprachlerInnen und Sprachlernende aller Sprachniveaus austauschen und – mit Hilfestellung – Tipps für entspannte Gespräche ausprobieren.

„Freie Workshops" spielen ebenfalls eine große Rolle: Die Trainer und Trainerinnen dienen hier als Ansprechpartner-, Ideensammler- und KommunikatorInnen zwischen ZuwanderInnen und GärtnerInnen der Aufnahmegesellschaft. Zusätzlich werden von den Begleiterinnen und Begleitern alltagsrelevante Problemlagen aufgegriffen, um fachliche Inputs zu Fragen der Gesundheitsversorgung, Ausbildungsmöglichkeiten sowie Arbeitsmarktthemen anzubieten.

Der interkulturelle Garten blüht und gedeiht durch dieses permanente Arbeiten am „Miteinander-Sein" und hält für ähnliche Initiativen sicher viele nützliche Tipps bereit.

KONTAKTDATEN
www.bfi-ooe.at
Werner Mair: werner.mair@bfi-ooe.at

ANTIPASTI MIT PASTINAKEN

CHICORÉESALAT MIT OBST

D ie Pastinaken und die Karotten schälen und in 3 bis 4 cm lange und ½ cm dicke Stücke schneiden. Den Knoblauch schälen und in Scheiben schneiden. Vom Thymian die Blätter abzupfen. Chili längs halbieren, entkernen, waschen und fein hacken. Das Öl in einer Pfanne erhitzen, Gemüse, Knoblauch und Chili darin 2 bis 3 Minuten anbraten. Mit Salz, Pfeffer und Kreuzkümmel würzen. Mit Orangensaft und Gemüsesuppe ablöschen, dann den Thymian dazugeben. Bei mittlerer Hitze 8 bis10 Minuten dünsten. Vom Herd nehmen und Essig unterrühren. Gemüse darin gut 2 Stunden durchziehen lassen.

ZUTATEN
400 g Pastinaken
400 g Karotten
1 Knoblauchzehe
Thymian
1 rote Chilischote
40 g Rapsöl
Salz, Pfeffer
½ TL gemahlener
Kreuzkümmel
Saft von 2 Orangen
150 ml klare
Gemüsebrühe
2 EL Weißweinessig

D en Rhabarber schälen, in 2 cm lange Stücke schneiden und in wenig Wasser mit dem Zucker kurz aufkochen. Vom Herd nehmen und abkühlen lassen. Den Chicorée in etwa 1cm breite Streifen schneiden. Den Apfel mit der Schale vierteln, entkernen und würfeln. Zwiebel schälen und fein schneiden. Petersilie ebenfalls fein schneiden. Alle Salatzutaten vermengen und mit Salz, Pfeffer, Essig und Öl marinieren und gut durchrühren. Mit gerösteten Pinienkernen bestreut servieren.

ZUTATEN
2 Stangen Rhabarber
20 g Feinkristallzucker
1 roter oder gelber
Chicorée
1 Apfel
100 g Zwiebel
10 g Petersilie
Salz, weißer Pfeffer
Apfelessig
Sonnenblumenöl
geröstete Pinienkerne
zum Bestreuen

APFELTORTE

Die Eier trennen. Mit der Hälfte des Wassers und den Eiklar (Eiweißen) einen schönen steifen Schnee schlagen. Dotter (Eigelbe), Öl, restliches Wasser und Staubzucker sehr schaumig rühren. Vanillezucker und Zitronenschale beifügen und unterrühren. Mehl und Zimt mit dem Backpulver unterrühren. Dann den Schnee unterheben. Den Teig in

einer Tortenform im vorgeheizten Backofen bei 180 °C circa 50 Minuten backen. Die Äpfel vierteln, mit sehr wenig Wasser weichdünsten und durch die Flotte Lotte passieren. Das Apfelmus mit Zucker und Zitronensaft abschmecken. Die Gelatine in etwas Rum auflösen und zum Apfelmus geben. Den abgekühlten Teig aus der Form nehmen und umgedreht wieder in die Form zurücklegen. Mit Marillenmarmelade bestreichen, dann abwechselnd mit Biskotten und Apfelmus schichtweise belegen. Die Torte gut 2 Stunden im Kühlschrank erkalten lassen. Dann aus der Form nehmen und mit geschlagenem Obers, Äpfeln und Walnusskrokant verzieren.

ZUTATEN

Belag
1 ½ kg Äpfel
100 g Feinkristallzucker
etwas Zitronensaft
5 Blatt Gelatine
40 ml Rum
1 ½ Pkg. Biskotten
(Löffelbiskuit)

Dekoration
250 ml Schlagobers
(Schlagsahne)
2 Äpfel für die
Dekoration
70 g Walnusskrokant

ZUTATEN

Teig
3 Eier
je 100 ml Öl und Wasser
180 g Staubzucker
(Puderzucker)
1 Pkg. Vanillezucker
Schale von ½ unbehandelte Zitrone
180 g Weizenmehl
1 Prise Zimtpulver
½ Pkg. Backpulver
Marillenmarmelade
zum Bestreichen

Ottensheim

Kostbare Landschaften

Permakulturgarten im Schrebergarten

Im oberösterreichischen Ottensheim wurde 2014 eine zukunftsweisende Inititative zur ökosozialen Gemeindeentwicklung erfolgreich gestartet. Das für drei Jahre auf Initiative des „Klimabündnis Oberösterreich" konzipierte Projekt „Kostbare Landschaften – Ottensheim" wird vom Land Oberösterreich, der Gemeinde Ottensheim und der Stadtentwicklung (DOSTE) getragen. Besonders positiv ist das Mitwirken der Gemeinde Ottensheim und deren aktive Bereitschaft an einer neuen, nachhaltigen ökologischen Entwicklung.

„Wertvolle Böden werden versiegelt und Schadstoffe im Boden angereichert. Die Bodenverdichtung reduziert die Qualität und die Fruchtbarkeit der Böden. In Europa sind seit der Jahrtausendwende Jahr für Jahr durchschnittlich circa 100.000 Hektar Boden in Sied-

lungsfläche umgewidmet worden, das ist mehr als die Gesamtfläche von Berlin. Hier möchten wir entgegenwirken!", so die damalige Bürgermeisterin Ulrike Böker.

Konzeptioniert und begleitet wird dieses wundervolle Projekt von Christoph Wiesmayr und Renate Schernhorst, die als ExpertInnen im Bereich „Urban Gardening" für das „Klimabündnis Oberösterreich" tätig sind. Bei der Konzepterstellung wurden ein Experte im Bereich der Permakultur sowie internationale Gemeindeprojekte konsultiert, die sich bereits mit dem Thema „Essbare Landschaften" beschäftigt hatten.

Die gesamte Bewegung steht im Mittelpunkt eines partizipativen Gestaltungsprozesses, in dem Einzelpersonen sowie regionale Initiativen und Organisationen laufend miteingebunden werden. Dadurch entstehen Synergien zwischen bestehenden Aktivitäten, vorhandenem Know-how und neuen inspirierenden Ideen. Mit Beteiligung der Bürgerinnen und Bürger wurde der Fokus insbesondere auf die durch das Hochwasser 2014 entstandenen Überschwemmungs- und Brachflächen

Kostbare Landschaften zum Wohle aller

ORT 4100 Ottensheim
PROJEKTBETREIBER
Gemeinde Ottensheim und
Bodenbündnis Oberösterreich
PROJEKTSTART Januar 2014
AWARDS ÖKOSTAR 2015
ANDERE ESSBARE PLÄTZE
Naschgarten – Rodlgelände, Nasch-
garten – Neue Mittelschule; Papplab
– Glashaus, Vermehrungsgarten am
Schlossberg, Streuobstwiese …
INITIATOREN Gemeinde Ottensheim,
Bodenbündnis Oberösterreich,
Land Oberösterreich
GESTALTUNG UND UMSETZUNG
Projektleitung: Dipl.-Ing. Christoph
Wiesmayr in partizipativer Mitbetei-
ligung von GemeinedbürgerInnen,
Josef A. Holzer Permakultur, Michael
Gunz, Richard Mahringer und diver-
sen Initiativen vor Ort
FLÄCHE ca.100 m²
BEWIRTSCHAFTUNGSART
Holzer'sche Permakultur
ERNTE Selbsternte, je nach Bedarf und
Anfrage zur freien Entnahme
INTENTIONEN Aufwertung von Brachen
und Nutzung von Überschwem-
mungsflächen der Donau in der Ge-
meinde Ottensheim; Mitmenschen
ohne eigenem Garten das Garteln
ermöglichen
BESUCHSMÖGLICHKEITEN
jederzeit frei zugänglich
EXKURSIONEN/FÜHRUNGEN
nach Anfrage bei der Gemeinde
Ottensheim oder dem Bodenbünd-
nis Oberösterreich
MITGLIED VON „EINFACH ESSBAR" ja

der Gemeinde gelegt. In diesen Arealen entstanden Gärten mit essbaren Pflanzen und Fruchtgehölzen.

Nach einer Potenzialerhebung wurden im Zuge des Projekts drei Seminare eines erfahrenen Permakulturprakti-kers abgehalten. Der Schwerpunkt galt unter anderem der Pflege und der Erhaltung der Streuobstwiesen. Mit den SeminarteilnehmerInnen wurde auch der ständig wachsende „Permakulturgarten" er-richtet.

Eine engagierte Gruppe legte ein Hochbeet, ein Nie-derbeet sowie einen Pilzgarten an und betreut dieses Areal auch weiterhin. Nach den Workshops wurden di-verse Pflanzen in Mischkultur gesetzt sowie mit und für syrische AsylwerberInnen ein weiteres Beet errichtet. Der „Permakulturgarten" erfreut sich hoher Beliebtheit und ist, dank der optimalen Lage, für jede(n) Spaziergänger(in) gut einsehbar. Lau-fend finden Veranstaltungen im Rahmen der Initiative zum Thema „Essbare Gemeinde" statt. Dadurch wird es allen Interessierten ermöglicht, sich zu vernetzen, aus-zutauschen und kennenzulernen. Die „Kostbaren Land-schaften" können sich so zum Wohle aller entwickeln und vergrößern.

KONTAKTDATEN
www.kostbare-landschaften.net
Facebook-Seite vorhanden
Susanna Kolb: susanna.kolb@ottensheim.ooe.gv.at, +43 7234 822 55-15

KARTOFFELKNÖDEL AUF RAHMSEITLINGEN

Für die Knödel die Kartoffeln waschen und kochen. Danach leicht abkühlen lassen und schälen. Durch die Kartoffelpresse drücken und zugedeckt abkühlen. Ei, Kartoffelmehl, weiche Butter und Salz darunterkneten. Den Teig auf einer bemehlten Arbeitsfläche zu einer Rolle formen und in 8 gleich große Stücke teilen. Mit bemehlten Händen daraus runde Knödel formen.

In einem breiteren Kochtopf Wasser und Salz aufkochen. Die Knödel in kochendes Salzwasser legen und bei mittlerer Hitze ungefähr 20 Minuten gar ziehen lassen. Für die Rahmseitlinge die Zwiebel schälen, grob schneiden und in der heißen Butter kurz anrösten. Die sauberen Seitlinge vierteln und zu den Zwiebeln geben. Alles gut durchrösten. Mit Schlagobers aufgießen, würzig abschmecken und mit den Knödeln anrichten.

ZUTATEN

1 kg mehligkochende
Kartoffeln
1 Ei
70 g Kartoffelmehl
50 g Butter
1 TL Salz

150 g Zwiebel
30 g Butter
250 g Seitlinge
Salz, Pfeffer
125 ml Schlagobers
(Schlagsahne)

HOPFEN–BIER–BROT

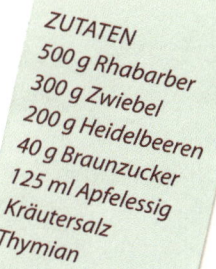

HEIDELBEER–RHABARBER–CHUTNEY MIT THYMIAN

ZUTATEN (4 Laibe)
600 g Roggenmehl
1 kg Weizenvollmehl
40 g Hefe
1 g Hopfenblüten
800 g Sauerteig
1 l Märzenbier
ca. 400 ml Wasser
40 g Salz

Mehle in eine Schüssel geben. Hefe in Wasser auflösen. Hopfenblüten fein mahlen und zum Mehlgemisch geben. Danach auch alle anderen Zutaten beifügen und einen geschmeidigen Teig kneten. Teigoberfläche glatt streichen, mit einem Geschirrtuch abdecken und etwa 25 Minuten gehen lassen. In 4 Stücke teilen und rund oder oval ausformen. Die Brote nochmals aufgehen lassen. Backbleche im Ofen aufwärmen. Wenn das Brot gut aufgegangen ist, auf die mit Backpapier belegten heißen Bleche stürzen. Backofen mit Wasser besprühen und Brot im vorgeheizten Backofen bei 250 °C mit Schwaden (Dampf) einschießen. Nach circa 10 Minuten bei schöner Brotfarbe auf 180 °C zurückschalten und circa 30 Minuten fertig backen.

ZUTATEN
500 g Rhabarber
300 g Zwiebel
200 g Heidelbeeren
40 g Braunzucker
125 ml Apfelessig
Kräutersalz
Thymian

Rhabarber schälen und klein schneiden. Zwiebeln schälen und klein würfelig schneiden. Heidelbeeren verlesen. Die vorbereiteten Früchte mit Braunzucker, Essig und Gewürzen unter Rühren zum Kochen bringen. Hitze reduzieren und gut 50 Minuten dicklich einkochen lassen. Dabei immer wieder umrühren, damit sich das süße Chutney nicht am Topfboden anlegt. Vor dem Abfüllen nochmals gut würzig abschmecken. Chutney noch sehr heiß in vorbereitete Twist-off-Gläser füllen und sofort fest verschließen. Abkühlen lassen und in einem dunklen Raum lagern. Nach dem Öffnen im Kühlschrank aufbewahren und in 2 bis 3 Wochen verbrauchen. Die Erntezeit für Rhabarber beginnt im April und geht bis Ende Juni.

Salzburg-Stadt

Gemeinschaftliche Landwirtschaft

Gemüseacker Aigen

„Ernährungssouveränität ist das Recht der Bevölkerung, ihre Ernährung und Landwirtschaft selbst zu bestimmen." (Deklaration des weltweiten Forums für Ernährungssouveränität, Mali, Februar 2007)

In diesem Sinne möchte der Verein „Erdling" Menschen für die Lebensmittelerzeugung und deren Verarbeitung begeistern und Interesse für einen zukunftsfähigen, regionalen, saisonalen und ökologisch verträglichen Landbau mit alternativen Vermarktungsformen wecken. Träger dieser gemeinschaftlichen Landwirtschaft (GeLa) und somit für diese verantwortlich sind die Vereinsmitglieder selbst.

Mitten in der Stadt Salzburg haben die Mitglieder des Vereins, die sich selbst liebevoll „Erdlinge" nennen, 2015 einen Gemüseacker angelegt. Der „Gemüseacker Aigen" ist eine der ersten vom Verein gepachteten landwirt-

ORT 5020 Salzburg
PROJEKTBETREIBER
Erdling – Verein für kooparative Landwirtschaft
PROJEKTSTART Dezember 2015
ANDERE ESSBARE PLÄTZE
Streuobstwiese Salzburg-Liefering; Ackerfläche Maria Bühel, Oberndorf
INITIATOR Verein Erdling
GESTALTUNG UND UMSETZUNG
Mitglieder des Vereins Erdling in Zusammenarbeit mit externen Experten
FLÄCHE ca. 7000 m²
BEWIRTSCHAFTUNGSART
biologische Bewirtschaftung unter geringem Einsatz von Maschinen mit Elementen der Permakultur
ERNTE koordinierte Ernteeinsätze durch Vereinsmitglieder
INTENTIONEN biologische, bewusste und regionale Ernährung ermöglichen, voneinander lernen, Selbstversorgung, Alternative zum Supermarkt, Gemeinschaft leben, Spaß am gemeinsamen Arbeiten; Interesse an einem zukunftsfähigen, regionalen, saisonalen und ökologischen Landbau wecken
BESUCHSMÖGLICHKEITEN
gerne nach Anmeldung
EXKURSIONEN/FÜHRUNGEN
ja, auf Anfrage
MITGLIED VON „EINFACH ESSBAR" ja

Die Erdlinge

schaftlichen Nutzflächen für den gemeinschaftlichen Anbau von Gemüse, Kräutern und Beeren in der Stadt Salzburg. Die Anbaufläche wird von den Vereinsmitgliedern bei gemeinsamen wöchentlichen Arbeitseinsätzen bewirtschaftet. Die Ernte wird unter ihnen aufgeteilt.

Gemeinsam wird auch über die zukünftige Nutzung des Ackers entschieden, dabei werden verschiedene Schwerpunkte fixiert. 2015 lag der Fokus zum Beispiel auf der Aufbereitung des Bodens für den Ackerbau, da das Grundstück jahrzehntelang als Futterwiese genutzt wurde. Bestellt wird das entstandene Gemüsefeld fast ausschließlich händisch, da die GärtnerInnen auf den Einsatz von Maschinen weitgehendst verzichten möchten. Das Gemüse wird in Mischkultur angebaut.

Für die Zukunft haben die „Erdlinge" noch einiges vor. Beerensträucher sollen gepflanzt werden, weitere Beete sowie ein Pilzgarten, ein Komposthaufen und ein Folientunnel oder Gewächshaus sind für die kommenden Jahre geplant. Die Gemüse- und Kräutervielfalt soll weiter erhöht werden. Außerdem werden Blühstreifen angelegt, die einerseits als Nützlingsweiden dienen und andererseits auch für Heil- und Teekräuter genutzt werden können.

Es ist schön zu sehen, dass die „Erdlinge" ihre Aufgaben nicht nur in den verschiedenen landwirtschaftlichen Projekten nachhaltig und engagiert wahrnehmen, sondern dass sie auch durch das Organisieren von Events und die positive Vernetzung mit der Stadt Salzburg und den Medien ein starkes Statement für sozialen und ökologischen Wandel setzen.

KONTAKTDATEN
www.erdling.at
Antonia Osberger: antonia@erdling.at, +43 650 980 18 14

ROTE–RÜBE–RISOTTO MIT KREN

KÄFERBOHNENBROT

D ie Rote Rübe kochen und schälen und in kleine Würfel schneiden. Zwiebel schälen und kleinwürfelig schneiden. Die Butter in einem Kochtopf zerlassen, Zwiebel darin anschwitzen. Reis, Pfeffer und Kräutersalz dazugeben und gut verrühren. Mit Wasser aufgießen und aufkochen lassen. Danach auf kleine Flamme zurückschalten und immer wieder umrühren. Nach 15 Minuten ¾ der Rote-Rübe-Würfel dazugeben und mit Weißwein aufgießen. Gut verrühren und noch 10 Minuten fertig garen, wobei auch hier immer wieder umgerührt wird. Kren fein raspeln und vor dem Anrichten unter das Risotto rühren. Auf Teller anrichten und mit den restlichen Würfeln sowie mit Parmesanstücken bestreut servieren. Als zusätzliche Garnitur können kleine Blätter der Roten Rübe verwendet werden.

ZUTATEN
1 Rote Rübe
(Rote Bete), ca. 150 g
30 g Butter
100 g Zwiebel
300 g Reis
weißer Pfeffer
Kräutersalz
600 ml Wasser
200 ml Weißwein
20 g Kren
(Meerrettich)

Parmesan zum
Bestreuen

A us allen Zutaten (außer Käferbohnen) einen geschmeidigen Hefeteig bereiten und aufgehen lassen. Danach die Käferbohnen vorsichtig und gleichmäßig hineinkneten. Teig in 3 gleich große Stücke teilen und zu Kugeln schleifen. Diese entspannen (ruhen) lassen und danach umdrehen. Mit dem Handballen auseinanderschlagen, fest einrollen und dann mit der Teignaht nach unten in die vorbereiteten befetteten Kastenformen legen. Oberfläche mit Wasser besprühen und nach Wunsch behübschen. Nochmals gut sichtbar aufgehen lassen. Backofen auf 210 °C vorheizen. Nach 10 Minuten Backzeit auf 180 °C zurückschalten und weitere 25 bis 30 Minuten backen.

ZUTATEN (3 Stück)
700 g Weizenmehl
(Type 700 bzw. 550)
300 g Roggenmehl
10 g getrocknetes oder
5 g frisches Liebstöckel
40 g Hefe
100 g Sauerteig
18 g Salz
700 ml Wasser
300 g gekochte
Käferbohnen
(Feuerbohnen)

BEERENBISKUIT IM GLAS

Die Stachelbeeren halbieren und mit 100 g der Himbeeren und dem Zucker kurz aufkochen und gut verrühren. Für das Biskuit die Eier in eine Schüssel geben und mit Salz, Wasser sowie Vanille- und Staubzucker sehr schaumig aufschlagen. Das Mehl hineinsieben und locker unterheben. Die Kuchengläser mit Butter ausfetten und die Hälfte des Beerenragouts darin verteilen. Biskuitteig gleichmäßig mithilfe eines Dressiersacks ohne Tülle sauber einfüllen und dann die Gläser auf ein Backblech mit hohem Rand stellen. Wasser in das Backblech gießen. Im

vorgeheizten Backofen bei 180 °C 15 bis 18 Minuten backen. Kuchen etwas abkühlen lassen. Das restliche Beerenragout daraufgeben. Mit den restlichen frischen Himbeeren und den Zuckerblüten belegen. Als Garnitur noch ein Melissenblatt auflegen. Dieses hübsche Gebäck auf einem Dessertteller mit Tortenspitze servieren.

ZUTATEN
50 g Stachelbeeren
150 g Himbeeren
50 g Feinkristallzucker
2 Eier
1 Prise Salz
2 EL Wasser
1 TL Vanillezucker
80 g Staubzucker
(Puderzucker)
80 g Weizenmehl
(Type 700 bzw. 550)

12 Zuckerblüten
Melissenblätter

Butter zum Ausfetten der Gläser
500 ml Wasser für das Backblech

Salzburg-Stadt

Urban Gardening

Mühlbachgarten

Der Mühlbachgarten ist die jüngste Garteninitiative des Vereins „Blattform" und Teil des Projekts „Stadtgarten" der Stadtplanung Salzburg.

Gefördert durch die Stadt Salzburg wird eine breit gefächerte Initiative zum Zweck einer urbanen Gartenkultur lanciert. Im Vordergrund steht ein gesamtheitlicher Anspruch, der sowohl soziale, gestalterische sowie ökologische Gesichtspunkte verknüpft. Besonders dem Aspekt der Gemeinschaftsbildung kommt hier eine wesentliche Bedeutung zu, denn Guerilla Gardening und Gemeinschaftsgärten sind Initiativen, die die Stadt immens bereichern und das soziale Zusammenleben überaus stärken.

Gestaltet wurde dieser Garten zusammen mit einer fachkundigen Gartenplanerin und interessierten GärtnerInnen, die in der Nachbarschaft wohnen. Durch die Unterstützung des Gartenamtes der Stadt Salzburg konnten Instandsetzungsarbeiten wie das Abfräsen der Beetflächen, das Aufstellen einer Gartenhütte und die Errichtung eines Brunnens umgesetzt werden.

Diese schöne Zusammenarbeit zwischen Stadtregierung und Bevölkerung zeigt, dass Gärten verbinden und bereichern. Im Mühlbachgarten ist es gelungen, kommunale Interessen mit den Bedürfnissen der Menschen in Einklang zu bringen. Die Gärtnerinnen und Gärtner haben hier die Möglichkeit, paar- oder gruppenweise Einzel- und Hochbeete zu bewirtschaften. Im Zentrum dieser Oase steht ein bogenförmiger Gemeinschaftsgarten, in dem eine Vielfalt an Gemüse-, Obst und Beerenpflanzen sowie Kräuter wachsen dürfen.

Die MühlbachgärtnerInnen planen, ihren Garten mit einer Streuobstwiese und diversen natürlichen Akzenten wie einem Bohnentipi, einem Tomatenhaus, einem Erdäpfelturm, Nützlingshotels, Igelbehausungen, Bienen-

Üppige Pflanzenvielfalt

ORT 5020 Salzburg
PROJEKTBETREIBER
    Verein Blattform
PROJEKTSTART April 2015
ANDERE ESSBARE PLÄTZE
    Stadtteilgarten Itzling, Gemein-
    schaftsgarten Schallmoos
INITIATOREN Stadtplanung Salzburg
GESTALTUNG UND UMSETZUNG
    Gartenplanerin DI Konstanze
    Schäfer, Stadtgartenamt Salzburg,
    die GemeinschaftsgärtnerInnen
FLÄCHE 500 m²
BEWIRTSCHAFTUNGSART
    naturnaher Garten, der biologisch
    bewirtschaftet wird; manche Gärt-
    nerInnen kultivieren in Mischkultur
ERNTE Alle, die im Gemeinschaftsgarten
    mitarbeiten
INTENTIONEN Unter dem Programmtitel
    „Stadtgarten" hat die „Stadtplanung
    Salzburg" eine breit gefächerte
    Initiative zum Zwecke einer urbanen
    Gartenkultur lanciert. Soziales
    Miteinander und gestalterische und
    ökologische Gesichtspunkte stehen
    im Mittelpunkt.
BESUCHSMÖGLICHKEITEN
    BesucherInnen sind willkommen,
    wenn GemeinschaftsgärtnerInnen
    im Garten sind
EXKURSIONEN/FÜHRUNGEN
    ja, gegen Voranmeldung bei
    Monika Gumpelmair
MITGLIED VON „EINFACH ESSBAR" ja

weiden und Bienenstöcken zu erweitern und freuen sich auf viele neue, interessierte Gemeinschaftsgärter-Innen.

Durch den großen Einsatz aller Beteiligten wurde dieser Garten zu etwas Lebendigem, Beglückendem und das Leben Verschönerndem. So ist es nicht überraschend, dass sich dieser Platz schon nach sehr kurzer Zeit als große Bereicherung für die nachbarschaftlichen und zwischenmenschlichen Beziehungen erwies.

Den Mühlbachgarten sowie auch die anderen Initiativen des Vereins „Blattform" kann jede(r) Interessierte nach Absprache mit den GärtnerInnen besuchen und sich von der Üppigkeit der Gärten inspirieren lassen.

KONTAKTDATEN
www.muehlbachgarten.jimdo.com
Monika Gumpelmair: muehlbachgarten@gmx.at

FEURIGE PAPRIKAMARMELADE

Die Zwiebel schälen und fein schneiden. Paprika waschen und halbieren. Kerngehäuse sorgfältig entfernen. Paprika feinwürfelig schneiden. Zwiebel mit Paprikawürfeln im Wasser aufkochen und dann mit Chiliflocken 30 Minuten bei schwacher Hitze kochen lassen. Zucker zufügen und noch 4 Minuten weiterkochen (Gelierprobe machen).

Inzwischen die Gläser vorbereiten. Marmelade einfüllen, verschließen und Gläser auf den Kopf stellen. Abkühlen lassen und in einem dunklen, kühlen Raum lagern. Nach dem Öffnen im Kühlschrank aufbewahren und in 2 bis 3 Wochen verbrauchen. Diese spicy Marmelade eignet sich hervorragend als Brotbelag in Kombination mit Rohschinken auf Weißbrot.

ZUTATEN
500 g Zwiebel
1 kg Paprikaschoten
(rot, gelb, orange)
100 ml Wasser
Chiliflocken nach
Geschmack
700 g Gelierzucker 2 : 1

SÜßKARTOFFELBLÜTE

Die Süßkartoffeln in der Schale nicht ganz weichkochen. Danach abkühlen lassen und schälen. Kartoffeln in 5 mm dicke Scheiben schneiden. Eine Auflaufform oder ein Backblech mit Butter bestreichen. Die Kartoffelscheiben in Blütenform auflegen. Die Eier mit der Crème fraîche, dem fein gehackten Knoblauch und mit Kräutersalz gut verrühren. Die Blüten damit gleichmäßig überziehen. Im vorgeheizten Backofen bei 180 °C goldbraun backen. Entweder mit Salat als Hauptspeise oder als Fleischbeilage servieren.

ZUTATEN
400 g Süßkartoffeln
2 Eier
125 ml Crème fraîche
1 Knoblauchzehe
Kräutersalz

Butter für die Form

RADICCHIOSALAT MIT SÜßKARTOFFELN

Die Süßkartoffeln kochen, abkühlen lassen und schälen. Zwiebel ebenfalls schälen und fein schneiden. Öl erhitzen und Zwiebel darin leicht anrösten. Die Kartoffeln in Würfel (Größe circa 1,5 cm) schneiden und kurz mit der Zwiebel rösten. Mit Salz würzen und vom Herd nehmen. Inzwischen den Radicchio teilen und waschen. Salatblätter zerpflücken. Die Kartoffelwürfel dazugeben, mit Weißweinessig und Olivenöl marinieren und gut abschmecken.

ZUTATEN
250 g Süßkartoffeln
80 g Zwiebel
20 ml Pflanzenöl
Kräutersalz
1 Kopf Radicchio
Weißweinessig
Olivenöl

Zell am See

„Einfach Essbar"-Gemeinde

Garten Eden – Waldgarten

ORT Beim Festplatz Schüttdorf
5700 Zell am See
PROJEKTBETREIBER
BürgerInnen von Zell am See und
die für sie in der Gemeinde tätigen
Menschen
PROJEKTSTART Frühjahr 2014
ANDERE ESSBARE PLÄTZE
Vellmar Park, Thumersbacher Park
INITIATORIN
Henriette Gabriele Kordasch
GESTALTUNG UND UMSETZUNG
Henriette Kordasch mit vielen
freiwilligen HelferInnen
FLÄCHE ca. 1200 m²
BEWIRTSCHAFTUNGSART
natürlich, biologisch, nachhaltig;
angelehnt an die Permakultur/
Wildniskultur
ERNTE Selbsterntegarten, im Sinne der
„Schenk-Kultur", gratis für alle
INTENTIONEN Freude am uneigennüt-
zigen Gärtnern; Vergnügen daran
haben, die Augen, Gemüter und
Gaumen der Menschen zu erfreuen;
natürlich gewachsene Lebensmittel
selbst anbauen, ernten und verarbeiten; alte regionale Obstsorten erhalten und fördern; Neues erlernen
und altes Wissen bewahren
BESUCHSMÖGLICHKEITEN
jederzeit frei zugänglich
EXKURSIONEN/FÜHRUNGEN
ja, nach Anmeldung
MITGLIED VON „EINFACH ESSBAR" ja

Die Initiatorin der Bürgerinitiative „Garten Eden", Henriette Kordasch, hat eine Vision: „Eine Welt ohne Geld in einem liebe- und rücksichtvollen Miteinander." Geprägt von diesem Prinzip will sie mit interessierten Menschen ihrer Gemeinde aktiv „Schenk-Kultur" leben. „‚Schenk-Kultur' bedeutet, sich der Fülle, die unser Leben bietet, bewusst zu sein. Darauf zu vertrauen, dass für uns alle genug da ist und sich daran zu freuen", erklärt die Projektverantwortliche. „Schenk-Kultur" darf ausprobiert und geübt werden. Wo ginge das besser als im „Spielraum Natur"? So entstand ein „Friedensprojekt" von aufmerksamen, emsigen GärtnerInnen, die ihre Heimatgemeinde nicht nur essbar und damit um interessante Hingucker reicher machen, sondern auch alte Werte wie Naturverbundenheit, Toleranz, Rücksichtnahme und Gemeinschaft wieder ins Zentrum der Aufmerksamkeit rücken möchten.

Die Natur als Vorbild

Zur Zeit wird auf drei öffentlichen gemeindeeigenen Flächen gegärtnert. Der „Waldgarten" vermittelt mit seiner Natürlichkeit vielleicht am besten die tiefere Bedeutung, die hinter dem „Essbarmachen" von Gemeinschaftsflächen steht.

Das Prinzip des „Essbaren Waldgartens", das sowohl für kleine wie auch für große Anbauflächen geeignet ist, nimmt sich die Natur zum Vorbild. Das Prinzip könnte man als eine Art „Stockwerksystem" bezeichnen: Die unterste Ebene bilden bodendeckende Pflanzen, das Mittelgeschoss besteht aus halbstämmigen Obstbäumen, das letzte Stockwerk sind hochstämmige Bäume. Wildkräuter, Beerensträucher, Stauden und Bäume kooperieren miteinander. Sie ergänzen und fördern einander und bilden in Summe ein natürliches Gleichgewicht. Jede Pflanze, jedes Lebewesen, das in diesem Biotop lebt, ist wichtig und gleichrangig. Im „Waldgarten" haben bis jetzt 25 zumeist alte Pinzgauer Sorten ihre neue Heimat gefunden. Die Baumraritäten kommen aus einer nahe gelegenen Baumschule, die vor allem diese seltenen Obstbaumsorten sammelt und vermehrt.

Der „Waldgarten" und die anderen „Essbaren Gärten" werden von Einheimischen und Gästen gerne besucht.

„Eines ist dabei immer zu beobachten", so Frau Kordasch, „die Freude steht den Menschen ins Gesicht geschrieben, wenn man sagt, dass es erlaubt ist, sich beschenken zu lassen!"

In diesem Sinne möge die Inititative „Garten Eden" nicht nur vor Ort, sondern in aller Welt von der kommunalen Politik als Mehrwert für Natur und Bevölkerung erkannt werden.

KONTAKTDATEN
www.zellamsee.salzburg.at
Facebook-Seite vorhanden
Henriette Kordasch: henriette@energieseherin.com
+43 664 502 6636
Petra Trauner: p.trauner@sbg.at

BRENNNESSELKNÖDEL

ENDIVIENSALAT MIT BIRNEN

Das kleinwürfelig geschnittene Brot in eine Schüssel geben und mit der Flüssigkeit übergießen. Mit Muskatnuss, Salz und Pfeffer würzen. Die Zwiebel klein schneiden und salzen, die Brennnesseln ebenfalls klein schneiden und beides in Fett anschwitzen. Dann den Pfanneninhalt zum Brotgemisch geben und gut durchkneten. Die Mehlsorten einarbeiten und abschmecken. Knödel formen und in Mehl wälzen. Dann flach drücken und in etwas Fett in einer (Keramik-) Pfanne auf beiden Seiten etwa 3 Minuten backen.

ZUTATEN
500 g Dinkelbrot, kleinwürfelig geschnitten
etwa 400 ml Pflanzenmilch oder Wasser
geriebene Muskatnuss
2 TL Salz, Pfeffer
2 große Zwiebeln
4 Handvoll frisch gepflückte Brennnesseln
2 EL Pfeilwurzelmehl oder 1 EL Johannisbrotkernmehl
8 EL Dinkelmehl
6 EL Olivenöl oder Kokosfett

Dinkelmehl zum Wälzen

ZUTATEN
½–1 Kopf Endiviensalat
1–2 Birnen
evtl. 1 Zwiebel oder 1 Knoblauchzehe

frische Kräuter und Sprossen zum Bestreuen
Pilze nach Wahl

Walnussdressing
2 EL Apfelessig
4 EL Walnussöl
4 EL gehackte Walnüsse
evtl. etwas Zwiebel oder Knoblauch, fein gehackt
½ TL Salz
1 gestr. TL Zucker

Für das Dressing alle genannten Zutaten miteinander vermischen. Den Salat in dünne Streifen schneiden. Birne(n) nach Belieben klein schneiden und mit dem Dressing über den Salat geben. Eventuell Zwiebel und Knoblauch zufügen. Frische Kräuter und Sprossen als Topping darüberstreuen. Die Pilze goldbraun braten und damit den Salat garnieren.

HIRSEDESSERT MIT HIMBEEREN

Die Hirse in einem Sieb abspülen. Pflanzen-milch mit Wasser und Salz zum Kochen bringen und dann die Hirse einrühren. Zimtstange dazugeben und alles auf kleiner Flamme 20 bis 25 Minuten ausquellen las-sen. Die Hirse sollte noch etwas Biss haben.

Die Zimtstange herausnehmen und Sonnen-blumenkerne sowie Agavendicksaft unter das Hirsedessert rühren. Ricewhip aufschla-gen und unter die Hirsemischung rühren. Einen Teil der Himbeeren vorsichtig unter-mischen. Mit dem Rest der Himbeeren und eventuell einem Minzeblättchen dekorieren.

ZUTATEN
100 g Hirse
200 ml Pflanzenmilch
350 ml Wasser
1 Prise Salz
1 Zimtstange
30 g Sonnenblumenkerne
4 EL Agavendicksaft
150 ml Ricewhip
(vegane Schlagcreme)
2 Handvoll Himbeeren

Minzeblätter zum
Garnieren

Die veganen Rezepte dieser Doppelseite wurden
uns von Henriette Kordasch zur Verfügung gestellt.

Fernitz

Ein Garten für und von BürgerInnen

Naschgarten für alle

Michaela Hartner hat in Zusammenarbeit mit dem Ortsverschönerungsverein Fernitz/Mellach eine wunderbare Idee mitten ins Ortszentrum der Gemeinde gebracht: den „Naschgarten von und für BürgerInnen".

Ausgehend von der Inspiration so mancher „Essbaren Stadt" möchten die Fernitzer Bürger Schritt für Schritt die Weichen zur „Essbaren Gemeinde" stellen. Der erste Schritt dazu ist mit dem Naschgarten schon getan.

Mit diesem idyllischen Plätzchen beabsichtigt die Initiatorin einiges zu bewirken. Hier soll „Natur zum Angreifen und Begreifen" für Jung und Alt jederzeit zugänglich sein. Sei es nun ein Pflanzprojekt mit dem Kindergarten und der Schule oder eine Lesung für BewohnerInnen des Seniorenheimes, jeder soll sich wohlfühlen.

Viele Beerensträucher, alte Apfelbäume und frisches Gemüse machen dem Besucher Lust, mehr über das Projekt zu erfahren und mitzumachen. „Jeder einzelne Bürger ist eingeladen, sich im ‚Naschgarten' zu erholen, zu rasten und zu naschen, aber auch selbst aktiv zu werden, sprich zu säen und Unkraut zu zupfen", erklärt Michaela Hartner. Die Projektvoraussetzungen waren und sind äußerst günstig, und dies sowohl in personeller wie auch in räumlicher Hinsicht. Die Projektleiterin hat großes Interesse an der Betreibung der Initiative und bringt viel Erfahrung und Know-how mit ein. Die Vorstellungen über den Aufwand und den Nutzen eines „Naschgartens für alle" sind klar und strukturiert. So liegt es zum Beispiel auf der Hand, dass der nächste Schritt zur „Essbaren Gemeinde" erst dann gesetzt wird, wenn sich auch genug Fernitzer für das Projekt interessieren und sich daran beteiligen. Der Platz eignet sich optimal für einen Selbsterntegarten. Der alte Obstbaumbestand fügt sich harmonisch in die kürzlich bepflanzten Beerenanlagen

Hier ist immer etwas los.

ORT 8072 Fernitz-Mellach
PROJEKTBETREIBERIN
   Michaela Hartner
PROJEKTSTART Frühjahr 2014
AWARDS Teil des Blumenschmuck-
   wettbewerbs 2014: 5 Floras
   „Schönstes Dorf"
INITIATORIN Michaela Hartner
GESTALTUNG UND UMSETZUNG
   Projektleiterin: Michaela Hartner;
   Beratung: DI Dr. Agnes Fedl;
   Sträucher: Baumschule Hubmann;
   Gartenhaus: Fa. Krautwaschl; Wege-
   bau: Fa. Strobl; Zaun: Fa. Fritz
FLÄCHE 4000 m²
BEWIRTSCHAFTUNGSART
   natürliche Mischkultur
ERNTE Selbsterntegarten, gratis für alle
INTENTIONEN
   eine schöne, an das Fußballplatz-
   gelände anschließende Fläche, ein
   besonderer Ort der Kunst und Kultur
   soll als Selbsternte- und Naschgar-
   ten der Bevölkerung zur Verfügung
   gestellt werden; einen Platz der
   Begegnung mit Workshops und
   Seminaren gestalten
BESUCHSMÖGLICHKEITEN
   jederzeit frei zugänglich
EXKURSIONEN/FÜHRUNGEN
   nach Anmeldung bei
   Michaela Hartner
MITGLIED VON „EINFACH ESSBAR" ja

und Gemüsebeete ein. In kürzester Zeit konnten schon eine große Menge an Kräutern, Blumen, Obst und Gemüse geerntet werden.

Immer mehr Fernitzer begeistern sich für IHREN neuen Garten, nicht zuletzt deshalb, weil viele Veranstaltungen auf der neu entstandenen „Bürgerfläche" abgehalten werden. Von Yoga unter freiem Himmel bis zum „Gartenfrühstück", hier ist immer etwas Interessantes los.

Es gibt noch genug Platz für Einzelpersonen und Vereine, um naturnahe Beete anzulegen. Wir sind schon gespannt darauf, wann der nächste Schritt in Richtung „Essbare Gemeinde" mit weiteren Selbsternteflächen gesetzt wird.

KONTAKTDATEN
Facebook-Seite vorhanden
Michaela Hartner, MA: michaela.hartner@gmx.at, +43 699 10 00 96 71

KARTOFFELGNOCCHI MIT KOHLSPROSSEN UND SPECK

Die Kohlsprossen in circa 3 mm dicke Scheibchen, den Speck in kleine Würfel schneiden. Die Butter erhitzen, den Speck dazugeben und kurz rösten. Danach die Kohlsprossenscheibchen darin anbraten. Gehackte Nüsse und fein geschnittenen Salbei dazugeben und mitrösten. Hitze zurücknehmen. Nach 5 Minuten mit Schlagobers aufgießen und mit Salz, Pfeffer und

Muskatnuss würzen. Die Gnocchi in ausreichend Salzwasser kochen. Wenn diese an der Oberfläche schwimmen, sind sie gar gekocht. Die Gnocchi aus dem Wasser heben und zum Kohlsprossenragout geben. Mit Parmesan bestreut servieren.

ZUTATEN
300 g Kohlsprossen (Rosenkohl)
80 g Speck
50 g Walnüsse
4 Salbeiblätter
30 g Butter
150 ml Schlagobers (Schlagsahne)
Kräutersalz, Pfeffer
Muskatnuss
400 g Gnocchi
Parmesan

NUDELN MIT SALBEIBUTTER

Die Nudeln in Salzwasser al dente kochen und dann abseihen. In der Zwischenzeit die Salbeiblätter fein schneiden. Die Butter zerlassen und die geschnittenen Salbeiblätter zufügen und in der heißen Butter 10 Minuten ziehen lassen. Die weiteren Salbeiblätter im Fett kurz frittieren, damit sie knusprig werden. Die Nudeln mit der Salbeibutter vermengen und auf Tellern anrichten. Mit geriebenem Käse bestreuen. Die frittierten Salbeiblätter als Garnitur darauflegen.

ZUTATEN
400 g Fleckerln (kleine quadratische Nudeln)
Salz
8 Salbeiblätter für die Butter
80 g Butter
8 Salbeiblätter zum Frittieren
50 g Bergkäse zum Bestreuen

BEERENREIS

Den Reis mit Wasser, Salz, Zucker und Nelken aufkochen, dann auf kleinste Flamme zurückschalten und so lange köcheln lassen, bis das Wasser zur Gänze vom Reis aufgenommen wurde. Herd ausschalten und noch gute 15 Minuten nachziehen lassen. Kurz vor dem Anrichten die frischen, vorbereiteten Beeren daruntermengen.

ZUTATEN
250 g Basmatireis
750 ml Wasser
Salz
3 Nelken
10 g Feinkristallzucker
300 g Beeren der Saison oder im Winter getrocknete Beeren

Graz

Grüne Lernräume und Gartenlabore

Garden Lab

Urban Gardening ist in Graz schon seit einigen Jahren ein wichtiges Betätigungsfeld von Menschen, die ihr Umfeld nachhaltig grüner und essbarer machen möchten. Der Gemeinschaftsgarten „Garden Lab" ist hier eine wichtige Schnittstelle zwischen aktiven GärtnerInnen, Universität und direkter Nachbarschaft. Der Garten entstand 2013 im Zuge eines interdisziplinären Praktikums der Karl-Franzens-Universität Graz in Zusammenarbeit mit Studierenden der Umweltsystemwissenschaften. Er ist einer von 20 Grazer Gemeinschaftsgärten (Stand: 2015) und bildet zusammen mit dem „Offenen Lernraum Attemsgarten" (OLA) das Projekt „Grüne Lernräume und Gartenlabore Graz".

Das „Garten Labor/Garden Lab" wuchs in einem großen Innenhof der ehemaligen Dominikanerkaserne, die schon seit Jahren leer stand. Der hier entstandene Ge-

ORT Reininghausstraße 11a, 8020 Graz (bei der „Sonnenuhr)

PROJEKTBETREIBER Team Garden Lab: Michael Flechl, David Steinwender

PROJEKTSTART März 2013

AWARDS Umweltpreis der Stadt Graz 2013 und 2014

ANDERE ESSBARE PLÄTZE Offener Lernraum Attemsgarten/Gottes Acker (Büro der Nachbarschaft)

INITIATOR Studierende des Fachbereiches Umweltsystemwissenschaften der Universität Graz

GESTALTUNG UND UMSETZUNG Studierende des Fachbereiches Umweltsystemwissenschaften der Universität Graz

FLÄCHE 150 m²

BEWIRTSCHAFTUNGSART mobiler, nomadischer Garten mit Elementen aus der Permakultur; Gemüsegarten mit Mischkultur

ERNTE für alle Gartenbeteiligten

INTENTIONEN Schnittzone zwischen naturnahem Gärtnern, Urban Gardening, Nachbarschaft, Studierenden und der Universität Graz

BESUCHSMÖGLICHKEITEN Fr–So oder nach Vereinbarung und bei den regelmäßigen Gartentreffen

EXKURSIONEN/FÜHRUNGEN Gartenführungen sowie Spezialführungen zu Grazer Gemeinschaftsgärten und Wildkräuterwanderungen sind nach Absprache mit Michael Flechl möglich

MITGLIED VON „EINFACH ESSBAR" ja

meinschaftsgarten war ein sogenannter „nomadischer Garten" und diente als Zwischennutzungsprojekt. Mit Ende September 2015 musste durch den Beginn von Umbauarbeiten am Areal der Garten von der Grenadiergasse in das Stadtentwicklungsgebiet Reininghaus (bei der „Sonnenuhr") übersiedeln. Dem Projekt kam zugute, dass es als „mobiler Garten" konzipiert ist, und so stellte der Umzug kein größeres Problem dar. Das „Garden Lab" ist nun das erste Urban-Gardening-Projekt in Reininghaus.

Im Zentrum der Aufmerksamkeit steht das Gründen, Betreiben und Beleben eines (Gemüse-)Gartens. Die GärtnerInnen pflanzen und ernten gemeinsam und lassen sich Raum für das Zusammenspiel sozialer, wirtschaftlicher, ökologischer und raumgestalterischer Handlungsfelder. Es werden nicht nur statische Hochbeete gebaut, sondern auch solche mit Rädern, die bequem von Ort zu Ort transportiert werden können. Die rund 15 GartenaktivistInnen betreuen ihren Garten als Gemeinschaft. Arbeiten wie das Gießen, Pflanzen und Ähnliches werden in Gartendienste eingeteilt.

Die Akzeptanz von Urban-Gardening-Initiativen wird durch das „Garden Lab" immens erhöht. Immer wieder kommen neugierige Passanten und Anwohner vorbei und nehmen Ideen mit in ihre eigenen Lebensumfelder.

Die aktiven GärtnerInnen finden sich zu regelmäßig stattfindenden Gartentreffen zusammen und beraten dabei über weitere Vorgehensweisen und Pläne für künftige Projekte. Ein solches besonderes Projekt-Highlight im „Garden Lab" stellt „Open Kitchen" dar, bei dem saisonale Erzeugnisse aus der Umgebung und aus dem Garten vor Ort verkocht werden. Verwendet werden hier auch Früchte, die auf öffentlichen Plätzen der Stadt Graz geerntet wurden. Behilflich dabei ist die Plattform „Fruitmap", auf der unterschiedlichste beerntbare Pflanzen im Stadtgebiet vermerkt sind. Die Gemeinschaftsgärten in Graz setzen durch ihre ständigen Aktivitäten ein Zeichen für soziales Miteinander und verleihen dem Wunsch nach mehr Ernährungssouveränität und gesunden, regionalen Lebensmitteln sichtbaren Ausdruck.

Sinnvoll und nützlich: Garten auf Rädern

KONTAKTDATEN
Michael Flechl: michael.flechl@austrianbiologist.at

BEERENCRUMBLE MIT VANILLEEIS

GEBACKENE BLÜTEN UND BLÄTTER

Die Beeren sortenrein oder gemischt vorbereiten. Kleine Auflaufformen mit der Butter befetten und mit Semmelbröseln ausstreuen. Die Beeren hineingeben und gleichmäßig verteilen. Mit dem Zucker und den Mandelstiften bestreuen. Für die Streusel (Crumble) Mehl, Zimt und Zucker in eine Schüssel geben und miteinander verrühren. Die Butter schmelzen, zufügen und mit einer Gabel zu Streuseln verarbeiten. Diese über den Beeren verteilen und im vorgeheizten Backofen bei circa 200 °C etwa 20 Minuten backen und noch heiß servieren. Zuvor mit Staubzucker übersieben. Mit einer Kugel Vanilleeis servieren.

ZUTATEN
600 g Beeren
(z. B. Himbeeren, Brombeeren, Johannisbeeren, Stachelbeeren, Heidelbeeren, Erdbeeren)
30 g Butter
30 g Semmelbrösel (Paniermehl)
40 g brauner Zucker
50 g Mandelstifte

Streusel
100 g Mehl, 80 g Butter
60 g Feinkristallzucker
½ TL Zimtpulver

Staubzucker (Puderzucker)
4 Kugeln Vanilleeis

Aus allen Teigzutaten einen Backteig rühren und 15 Minuten ziehen lassen. Inzwischen die Blüten und Blätter wenn nötig säubern. Die Blätter sollten jedenfalls trocken sein, damit der Teig haften bleibt. Fett in einer breiten Pfanne erhitzen. Die Blüten und Blätter in den Backteig tauchen und kurz im Fett goldbraun herausbacken. Auf Küchenkrepp abtropfen lassen. Gebackene Blüten und Blätter auf Blattsalaten anrichten oder mit einem Rahmdip servieren.

ZUTATEN
Blüten und Blätter je nach Jahreszeit: junge Brennnesselspitzen, Giersch, Salbeiblätter, Bocksbartknospen mit ca. 10 cm Stängel, Melisse, Schlüsselblume, Holunderblüten

Backteig
100 g Weizen- oder Dinkelmehl
125 ml Milch
2 Eier, Salz

Fett zum Backen
evtl. Sauerrahm (saure Sahne)

KÜRBIS PARISER ART MIT PREISELBEEREN

Den Kürbis schälen, entkernen und in 1 cm dicke Scheiben und Ringe schneiden. Die Eier in einer tiefen Schale gut miteinander verrühren. Den Parmesan fein reiben, zu den verrührten Eiern geben und unterrühren. Die Kürbisscheiben und -ringe salzen, in Mehl wälzen und in die Eier-Par-

mesan-Mischung tauchen. Fett circa 2 cm hoch in eine Pfanne geben und erhitzen. Die Kürbisscheiben oder Ringe darin goldbraun backen. Auf Küchenkrepp abtropfen lassen. Mit Preiselbeermarmelade und einer Zitronenscheibe garniert servieren.

ZUTATEN
1½ kg Kürbis
(Bratkürbis oder
Butternut)
150 g Eier
Salz
100 g Weizenmehl
100 g Parmesan

Fett zum Backen

Preiselbeermarmelade
Zitrone

Graz

WIKI Kinderbetreuungs GmbH

Ein Garten für Kinder

Essbare Gärten sind vor allem für Kinder, und für uns als Gesellschaft, von unbedingter Notwendigkeit! Jedes Kind sollte die Möglichkeit haben, eigene Pflanzen – vom Aussäen des Samens bis zur Ernte und Saatgutgewinnung – zu betreuen. Allein schon durch diese Handlungen wird das Kind geerdet, lernt natürliche Kreisläufe kennen und wird auch in seinem eigenen Prozess des Wachstums unterstützt.

Die WIKI Kinderbetreuungs GmbH ist einer der größten privaten Anbieter für Kinderbetreuung in Österreich. Das Unternehmen legt großen Wert auf aktives Tun in der Natur. In Graz wurde daher ein interkultureller Kindergarten errichtet, der durch seinen großzügigen Außenbereich perfekt zum Gärtnern geeignet ist.

Gemeinsam mit ExpertInnen wurde ein Naschgarten angelegt, der zum Genießen und Verweilen einlädt. Die Beerenfrüchte werden eifrig genascht, und aus den Überschüssen werden Marmeladen und Säfte erzeugt. Ein Hochbeet steht den Kindern zum Pflanzen von Kräutern und Gemüse zur Verfügung. „Es ist eine Freude zu sehen, wie interessiert die Kinder sind, wenn es darum geht, Bohnen und Erbsen in die Erde zu stecken und ihre Tomatenpflänzchen zu betreuen", so die Pädagoginnen. Durch den Garten erfahren die Kinder ihre Umgebung als Begleiter und Lehrer. Es wird ihnen bewusst, dass der Prozess der Lebensmittelerzeugung langwierig ist und Nahrungsmittel daher kostbar sind. Sie haben die Möglichkeit, den Jahreskreislauf der Natur direkt und lustvoll zu erleben. Dadurch sehen sie sich als Teil des Ganzen und finden Sicherheit und Geborgenheit.

Der Naschgarten und das Hochbeet sind erst der Beginn der natürlichen Gartengestaltung, der von einem Permakulturexperten begleitet wird. Auf dem Areal be-

Zusammen mit der Natur wachsen

ORT Babenbergerstraße 38–40
8020 Graz
PROJEKTBETREIBER
WIKI Kinderbetreuungs GmbH
PROJEKTSTART Sommer 2015
INITIATOREN
WIKI Kinderbetreuungs GmbH
GESTALTUNG UND UMSETZUNG
Gartenplanerin DI Konstanze
Schäfer, Stadtgartenamt Salzburg,
die GemeinschaftsgärtnerInnen
FLÄCHE vorerst 150 m²
BEWIRTSCHAFTUNGSART
Permakultur-Wildniskultur
Naschgarten
ERNTE für alle Kinder des Kindergartens
und deren Pädagoginnen
INTENTIONEN lernen im Garten; Stär-
kung des Bewusstseins für gesunde
Ernährung und eine intakte Natur;
aktiver Umweltschutz; lustvolles
gärtnern, ernten und verarbeiten
der gewachsenen Pflanzen; Ausbau
von Gärten für alle WIKI-Kinderbe-
treuungseinrichtungen
BESUCHSMÖGLICHKEITEN
nach Absprache mit der
Kindergartenleitung
EXKURSIONEN/FÜHRUNGEN
nach Absprache mit der
Kindergartenleitung
MITGLIED VON „EINFACH ESSBAR" ja

findet sich auch ein kleines Waldstück, das zu einem „Waldgarten" umgewandelt wird. Hier entsteht eine Oase, die mit Beerensträuchern, Bärlauch, Borretsch, Kiwis und vielem mehr bestückt wird. Den Kindern eröffnet sich dadurch ein neuer Lebensraum, der gerade in der Stadt sonst kaum zu finden ist.

Das Engagement der WIKI Kinderbetreuungs GmbH ist vorbildlich für die Stadt Graz und die  gesamte Region und stößt schon jetzt auf reges Interesse.

„Die Pracht der Gärten hat stets die Liebe zur Natur zur Voraussetzung." (Madame de Staël) Mit der Kindergarten-GARTEN-Initiative von WIKI gehen wir in die richtige Richtung.

KONTAKTDATEN
www.wiki.at
Judith Rosner: kiga.babenbergerstrasse@wiki.at, +43 316 71 48 62

KÜRBIS—EIERKUCHEN
MIT SALBEI

Die Eier in einer Schüssel aufschlagen und mit Salz und Pfeffer gut verrühren. Zwiebel und Knoblauch schälen und fein schneiden. Kürbis je nach Art vorbereiten (schälen, entkernen) und in kleine Würfel schneiden. Diese circa 3 Minuten dämpfen. Champignons in Blätter schneiden. Die Salbeiblätter fein schneiden. Öl in einer beschichteten Pfanne erhitzen und Zwiebel und Knob-

lauch darin anrösten. Champignons zufügen und kurz mitrösten. Dann die Kürbiswürfel dazugeben. Die Eiermasse darübergießen und nicht mehr umrühren, sondern das Ei stocken lassen. Salbei darüberstreuen und warten, bis das Ei zur Gänze gestockt ist. Dann vom Herd nehmen und zugedeckt 5 Minuten stehen lassen. Den Eierkuchen in Stücke schneiden und mit einem schönen Salbeiblatt servieren.

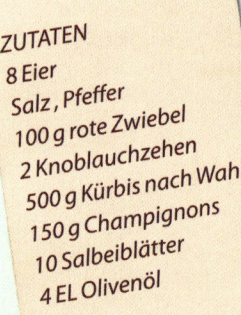

ZUTATEN
8 Eier
Salz , Pfeffer
100 g rote Zwiebel
2 Knoblauchzehen
500 g Kürbis nach Wahl
150 g Champignons
10 Salbeiblätter
4 EL Olivenöl

PAPRIKA–COUSCOUS–PFANNE

WEINTRAUBEN–ZUCCHINI–SMOOTHIE

Den Couscous in eine Schüssel geben und mit lauwarmen Wasser übergießen und beiseitestellen. Für das Pfannengemüse sämtliches Gemüse klein schneiden. Die Karotten schälen und in kleine Streifen, den Lauch in Ringe schneiden. Die Paprika waschen, halbieren, entkernen und wie die Karotten in Streifen schneiden. Den Knoblauch schälen und fein schneiden. Das Öl in einer Pfanne erhitzen und den Lauch mit dem Knoblauch darin anschwitzen. Dann die Karotten zugeben und weiterdünsten. Nach 5 Minuten die Paprikastreifen beifügen und alles gut verrühren. Würzen und mit Sojasoße ablöschen. Den Couscous abseihen, dazugeben und 10 Minuten bei kleiner Flamme ziehen lassen. Anrichten und mit frischen Paprikawürfeln bestreut servieren.

ZUTATEN
250 ml Couscous
200 g Karotte
150 Lauch
2 Paprika (bunt)
2 Knoblauchzehen
1 EL Olivenöl
Salz, Pfeffer
1 EL Sojasoße
getrocknete Kräuter

Die Traubenbeeren abzupfen. Zucchini waschen und in Stücke schneiden. Apfel vierteln und entkernen. Das Obst in einen Smoothiemaker oder Mixer geben und pürieren. Honig und Joghurt oder Buttermilch zufügen und 1½ Minuten feinst pürieren.

ZUTATEN
400 g Weintrauben
300 g Zucchini
1 Apfel
20 g Honig
250 ml Joghurt
oder Buttermilch

Peggau

Firmengarten der Unternehmensgruppe Zuser

Ein Garten für ALLE

Dieser Garten ist in vielerlei Hinsicht etwas Besonderes und begeistert durch seine natürliche, detailreiche Gestaltung ebenso wie durch seine interessante Entstehungsgeschichte!

Die Initiatorin, Sonja Zuser, lebt in Übelbach, in jener Gemeinde, die sich als „1. Essbare Gemeinde Österreichs" einen Namen gemacht hat. Dort fühlte sie sich von der Idee, essbare Plätze für jedermann anzulegen und gemeinsam zu gärtnern, dermaßen angesprochen, dass sie sich überlegte, wo denn der nächste Garten in der Region entstehen könnte. Gemeinsam mit ihrem Mann, dem Inhaber der Firmengruppe Zuser, kam sie auf die Idee, auf einem firmeneigenen Grundstück in Peggau, 15 Kilometer von Übelbach entfernt, einen Wildniskulturgarten für ALLE anzulegen. Die Anlage des

ORT 8120 Peggau
PROJEKTBETREIBER Unternehmensgruppe Zuser
PROJEKTSTART Frühjahr 2015
INITIATORIN Unternehmensgruppe Zuser, Sonja Zuser
GESTALTUNG UND UMSETZUNG Permakultur/Wildniskultur Peham
FLÄCHE ca. 700 m²
BEWIRTSCHAFTUNGSART Perma-/Wildniskulturgarten nach dem Vorbild der Natur; natürlich gewachsenes Obst, Kräuter und Gemüse
ERNTE Selbsterntegarten, gratis für alle
INTENTIONEN Gesundheits- und Stressvorsorge für die Mitarbeiterinnen und Mitarbeiter der Firma; Einbindung des Kindergartens und der Schule zum Wohle der Bevölkerung; Schaffung eines natürlichen und chemiefreien Gartens basierend auf dem Prinzip des sich selbst erhaltenden Gartensystems der Wildniskultur; einen Platz gestalten, der auch als Workshop- und Seminarraum von der Bevölkerung genutzt werden kann
BESUCHSMÖGLICHKEITEN jederzeit frei zugänglich
EXKURSIONEN/FÜHRUNGEN nach Anmeldung bei Sonja Zuser oder Sandra Peham
MITGLIED VON „EINFACH ESSBAR" ja

Gartens erfolgte im Frühjahr 2015 durch dasselbe Team, das schon den essbaren Spielplatz in Übelbach erfolgreich gestaltet hat.

Der „Garten für ALLE" steht den Mitarbeiterinnen und Mitarbeitern des Unternehmens, der Bevölkerung und Besuchern zur Verfügung. Jeder Interessierte ist eingeladen, mitzugärtnern und sich mit seinen Ideen einzubringen. Dieses wunderbare Plätzchen bietet sich ob seiner geschützten Lage, der Nähe zu Schule, Kindergarten, Bahnhof und Kirche genau dafür an.

Die Besucher können sich an Naschobst, alten Obstsorten, Pilzkulturen, Gemüse und Kräutern sowie dem Beobachten der Natur in einer harmonischen Landschaft erfreuen. Die räumliche Nähe zur Volksschule und zum Kindergarten lädt dazu ein, mit den Kindern Zeit im Freien zu verbringen, die Natur zu beobachten und Projekte wie „Vom Samen zur Saatgutgewinnung" durchzuführen. Gleichzeitig steht der Wildniskulturgarten allen Mitarbeiterinnen und Mitarbeitern der Unternehmensgruppe Zuser für Gespräche, Besprechungen und natürlich zum Gärtnern und Ernten zur Verfügung.

KONTAKTDATEN
Johann Peham: www.permakulturwildniskultur.wordpress.com
Facebook-Seite vorhanden
Sonja Zuser: sonja.zuser@zuser.at, +43 664 390 08 45
Sandra Peham:s.peham@einfachessbar.org,+43 664 73 49 90 35

SIBIRISCHE KOHLBLÄTTER

Wasser, Hefe, Honig und Meersalz vermischen. Die Mehle in die Flüssigkeit einrühren und 10 bis 12 Minuten kneten. Danach 10 Minuten aufgehen lassen. Butter zerlassen und in den Teig einarbeiten. Kohlblätter in Streifen schneiden. Zwiebel in etwas Öl glasig dünsten, die Kohlblätter 2 bis 3 Minuten mitdünsten. Abkühlen lassen und unter den Teig kneten. Teig nochmals gut aufgehen lassen und danach zu gleichmäßigen Laibchen formen. Mit Wasser leicht besprühen und mit Stärkemehl übersieben. Mit einem scharfen Messer schräg einschneiden. Auf einem mit Backpapier belegten Backblech nochmals gehen lassen. In den auf 220 °C vorgeheizten Backofen einschießen, Wasser auf den Boden sprühen, auf 200 °C zurückschalten und 15 Minuten backen.

ZUTATEN
600 ml Wasser
40 g Hefe
2 EL Honig
20 g Meersalz
500 g Dinkelfeinmehl
500 g Dinkelvollmehl
50 g Butter
200 g Blätter vom
  sibirischen Kohl
1 Zwiebel, gewürfelt

EMMER–WILDKRÄUTER–REIS

Zwiebel schälen und fein würfelig schneiden. Butter in einem Kochtopf zerlassen und Zwiebel darin goldgelb anrösten. Knoblauch schälen, fein schneiden und zur Zwiebel geben. Reis zufügen und gut durchrühren. Mit Wasser aufgießen und salzen. Einmal aufkochen lassen, dann auf die kleinste Stufe zurückschalten und so lange garen, bis das Wasser vom Reis sichtbar aufgenommen wurde. Dann den Herd ausschalten und noch 15 Minuten stehen lassen. Inzwischen die Wildkräuter fein schneiden und vor dem Servieren unter den fertigen Reis mischen. Mit Parmesan bestreut servieren.

ZUTATEN
100 g Zwiebel
40 g Butter
2 Knoblauchzehen
300 g Emmerreis
600 ml Wasser
Wildkräutersalz
30 g Wildkräuter
(Brennnessel, Schafgarbe, Giersch, Quendel …)

80 g Parmesan zum Bestreuen

ÜBERBACKENE KÜRBISBLÜTEN MIT FASCHIERTEM

Für die Fülle den Reis mit Salz und Wasser weichkochen und auskühlen lassen. Zwiebel schälen und fein schneiden. Pilze ebenso blättrig schneiden. Butter zerlassen und die Zwiebel und die Pilze darin leicht hellbraun anrösten. Ebenso auskühlen lassen. Dann mit dem Reis, dem Faschierten und den Gewürzen vermengen und gut abschmecken. Die Kürbisblüten damit füllen und in eine befettete Auflaufform schichten. Für den Überguss Butter zerlassen, das Mehl darin

anschwitzen, mit Milch aufgießen und sehr gut verrühren, damit keine Mehlklumpen entstehen. Mit Salz und Muskatnuss würzen. Leicht überkühlen lassen und dann die Eier gut einrühren. Den Überguss über die gefüllten Blüten gießen und mit geriebenem Käse bestreuen. Im vorgeheizten Backofen bei 170 °C circa 30 Minuten backen.

ZUTATEN
200 g Reis
400 ml Wasser
12 Kürbisblüten
50 g Zwiebel
80 g Pilze
20 g Butter
200 g Faschiertes
(Hackfleisch), gemischt
Salz, weißer Pfeffer

Überguss
20 g Butter
20 g Weizenmehl
300 ml Milch
Muskatnuss
Salz
3 Eier
100 g Bergkäse

St. Michael

GenussGärtnern rund um Reiting und Eisenstraße

KinderGärtnerei

Wer die vielen Namen der Personen und Firmen liest (s. Steckbrief), die die „KinderGärtnerei" unterstützen, bekommt einen ersten Eindruck von dessen Philosophie und Grundhaltung. Ein Helfer reicht dem nächsten die Hand, um in einem Ort, in diesem Fall St. Michael in der Obersteiermark, für eine ganze Region Beispielhaftes umzusetzen!

„Wir müssen unseren Kindern die uralte und so wertvolle Selbstverständlichkeit, dass man selbst Obst, Gemüse und Kräuter anbauen kann, erhalten und ihnen auf ihren Lebensweg mitgeben", so der Hauptinitiator Robert Blachfellner. Dazu inspiriert haben ihn seine eigenen Kinder, bestärkt in seinem Engagement wurde er von seiner Frau und zahlreichen Freunden. In nur kürzerster Zeit konnten die Betreiber des Gartens Menschen bewegen mitzuhelfen, um einen Platz der Vielfalt und der Freude entstehen zu lassen.

Die ehrenamtlichen MitarbeiterInnen der „KinderGärtnerei" besuchen Schulen und Kindergärten in der Umgebung und besprechen mit LehrerInnen, Schülern und Schülerinnen wichtiges theoretisches Wissen, um es dann in Natur und Garten zu erarbeiten. Danach sind die Kinder bereit, aktiv in die „Wunderwelt Garten" einzutauchen. Liebevoll angeleitet gehen sie durch das Gartenjahr und sind vom Einsetzen der Samen bis zum Ernten und Verarbeiten der selbst gezogenen Pflanzen in jedem Arbeitsprozess miteingebunden.

Die Schuljause und die Pausensnacks holen sich die Volksschulkinder aus St. Michael aus dem nahe gelegenen Garten. Die Kinder sind sichtlich begeistert: „Zum Glück hab'n wir den Gart'n. Hätt'n ma die ‚KinderGärtnerei' net, hätt'n ma ka g'scheite Jaus'n!" Ins Hochdeutsche übersetzt: „ Zum Glück haben wir den Garten. Hätten

Welch wunderbare Zukunftsaussichten

ORT Raiffeisenstraße 8, 8770 St. Michael
PROJEKTBETREIBER
Verein „KinderGärtnerei – Gärtnern für das Leben – Gardening for the Planet"
PROJEKTSTART 21. März 2012
AWARDS Förderung durch das Tu-Was-Sozialfestival, Diözesaner Umweltpreis, Sonderpreis der jungen Kirche, Lions Nachhaltigkeitspreis, zertifizierter „Schule am Bauernhof"-Betrieb
ANDERE ESSBARE PLÄTZE
Waldgarten Tripstrü in Kraubath
INITIATOREN Robert Blachfellner, Judith Nestler, Maria Haberl, Ilse Blachfellner-Mohri
GESTALTUNG UND UMSETZUNG
Judith Nestler, Maria Haberl, Kathi Dianat, Peter Painer, Jakob und Simon Prietl, Kinder der VS, Thomas Glössl, Maria Valentian Fischer, Adrian und Ilse Blachfellner, Toni Frewein;,Gärtnerei Reisinger, Fa. Saubermacher, Fa. Gloria; Multikraft, Tourismusverband Herz-BergLand, Verein EM Österreich u. a.
FLÄCHE 5000 m²
BEWIRTSCHAFTUNGSART
biologische Kreislaufwirtschaft; Kompostwirtschaft
ERNTE Naschgarten für alle; Jausengarten für die Schulkinder
INTENTIONEN uraltes, wertvolles Wissen über Gemüse-, Kräuter- und Obstanbau weitergeben und erhalten; einen verantwortungsvollen und wertschätzenden Umgang mit unseren Ressourcen vermitteln
BESUCHSMÖGLICHKEITEN
nach Voranmeldung
EXKURSIONEN/FÜHRUNGEN
ja, nach Anmeldung
MITGLIED VON „EINFACH ESSBAR" ja

wir die ‚KinderGärtnerei' nicht, dann hätten wir keine ordentliche Brotzeit!"

Die „KinderGärtnerei" hat das Projekt „GenussGärtnern rund um Reiting und Eisenstraße" initiiert und streckt seine Fühler schon in die gesamte Region „Steirische Eisenstraße" aus. Ziel ist es, in Kooperation mit den Gemeinden und dem Verein „Steirische Eisenstraße", unter anderem Beeren-Naschgärten in der gesamten Umgebung anzulegen. Damit soll jeder Schule und jedem Kindergarten der Region ein Gemeinschaftsgarten für die pädagogische Arbeit in der Natur zur Verfügung stehen. Dieses praxisorientierte Wissen der jungen Menschen wird so in ihren Heimatgemeinden gepflegt und weitergegeben.

Welch wunderbare Zukunftsaussichten erwarten uns dank dieser Initiative!

KONTAKTDATEN
www.gartenkinder.at
Facebook-Seite vorhanden
Robert Blachfellner: st.michael@gartenkinder.at
+43 664 827 92 37

ZWEIFARBIGE KÜRBISCREMESUPPE

Für beide Suppen gilt dieselbe Zubereitungsweise. Kürbis wenn nötig schälen, entkernen und in 2 x 2 cm große Würfel schneiden. Zwiebel und Knoblauch schälen und fein schneiden. Butter zerlassen und Zwiebel darin andünsten. Kürbiswürfel dazugeben, würzen und mit Suppe aufgießen. Circa 15 Minuten kochen, dann pürieren und mit Rahm verfeinern. Die Suppen

müssen die gleiche Konsistenz haben, damit beide Variationen gut erkennbar sind und nicht ineinanderfließen. Suppe zum Anrichten in zwei Gefäße mit Schnabel füllen. Beide Suppen gleichzeitig in die Teller gießen. Auf eine der Suppen einige Tropfen Kernöl geben und eine Rouladennadel einmal oder mehrmals durchziehen, damit ein schönes Muster entsteht. Auf die zweite Suppe ein paar Gänseblümchen streuen.

ZUTATEN

Orangene Kürbissuppe
500 g Hokkaidokürbis
½ Zwiebel
20 g Butter
500 ml klare Gemüsebrühe
Salz, weißer Pfeffer
Muskatnuss
50 g Sauerrahm (saure Sahne)

ZUTATEN

Gelb-grüne Kürbissuppe
250 g Spaghettikürbis
250 g Zucchini
1 Zwiebel
20 g Butter
500 ml klare Gemüsebrühe
Salz, weißer Pfeffer
Kurkuma
50 g Sauerrahm (saure Sahne)

50 ml Kürbiskernöl
Gänseblümchen

HOLUNDERSEKT MIT MALVE UND EBERRAUTE

Die Hälfte der Eberrautenästchen in die Flasche mit dem Sekt geben und 30 Minuten in den Kühlschrank stellen. Dann in die Sektschalen füllen und in jedes Glas eine Malvenblüte legen. Dazu jeweils ein Ästchen frische Eberraute legen. Dieses Erfrischungsgetränk dann sofort servieren, damit die Kohlensäure nicht entweicht. Zusätzlich kann der Sekt auch noch mit etwas prickelndem Mineralwasser aufgegossen werden.

ZUTATEN
500 ml Holundersekt
(alkoholfrei)
4 Malvenblüten
8 kleine Ästchen
Eberraute

KRIECHERL–CHILI–GELEE

Die Kriecherln in einem Dampfentsafter gut entsaften. Den Saft mit dem Zucker und den Chilischoten aufkochen und etwa 1 Stunde leicht köcheln lassen. Dann die Chilischoten herausnehmen. Agar-Agar in etwas kaltem Wasser anrühren, in den Kriecherlsaft einrühren und 5 Minuten leicht kochen lassen. Danach in Schraubgläser abfüllen und verschließen. Zum Auskühlen werden die Gläser auf den Kopf gestellt.

ZUTATEN
2 kg Kriecherl
(kleine Pflaume)
500 g Kristallzucker
2 TL Agar-Agar
2 Chilischoten

Stübing

Österreichisches Freilichtmuseum

Essbares Museumstal

Das Österreichische Freilichtmuseum Stübing ist das flächenmäßig größte „Einfach Essbar"-Areal. Es wurde 1962 in einem wunderschönen Tal angelegt, das sich durch seine Abgeschlossenheit vom Verkehr seine eigene Fauna und Flora erhalten hat. Das Museum bietet unter freiem Himmel einen unverwechselbaren Einblick in die Vielfalt der bäuerlichen Kultur und Architektur Österreichs.

Mit seinen rund 100 historischen Bauwerken, die gewissenhaft und fachmännisch am Ursprungsstandort abgetragen und im Museumstal wieder aufgestellt wurden, erzählt es die realen Geschichten der bäuerlichen Gesellschaft von einst.

BesucherInnen haben das Gefühl, eine Zeitreise durch Österreich – vom Burgenland über die Steiermark bis nach Vorarlberg – zu machen, wenn sie durch das Tal

ORT 8114 Stübing
PROJEKTBETREIBER
Stiftung Österreichisches Freilichtmuseum
PROJEKTSTART 1962
INITIATOR
Stiftung Österreichisches Freilichtmuseum
GESTALTUNG UND UMSETZUNG
Stiftung Österreichisches Freilichtmuseum
FLÄCHE ca. 65 ha
BEWIRTSCHAFTUNGSART
Kulturgärten, Permakultur, Wildniskultur
ERNTE für alle Museumsbesucher
INTENTIONEN
Vermittlung nachhaltiger Lebens- und Wirtschaftsformen im historischen Bauerngarten und die Erhaltung historischer Pflanzenarten; Bewahrung und Vermittlung des Wissens rund um das gärtnerische Handwerk und Brauchtum; Anbieten von Handwerkskurse (Weidenbauten, Dachschindel machen, Brunnentrog und Halterzaun fertigen...); Wissenstransfer zwischen Jung und Alt und Experten und Laien sicherstellen
BESUCHSMÖGLICHKEITEN
Öffnungszeiten des Österreichischen Freilichtmuseums:
1. April–31. Oktober, 9–17 Uhr
(Einlass bis 16 Uhr)
EXKURSIONEN/FÜHRUNGEN
ja, siehe www.stuebing.at
MITGLIED VON „EINFACH ESSBAR" ja

spazieren. Nicht nur sämtliche Bauwerke wie Bauernhöfe, eine alte Schule oder ein Feuerwehr-Rüsthaus von anno dazumal sind detailgetreu erhalten. Auch die dazugehörenden Gärten zeugen vom großen Wissen unserer Vorfahren und glänzen durch ihre Vielfalt.

Das Freilichtmuseum Stübing dokumentiert mehr als 600 Jahre bäuerliche Lebenskultur, in der neben der Landwirtschaft auch die Bewirtschaftung der Gärten und die Nutzung von heimischen Wildpflanzen als Lebensmittel eine bedeutende Rolle spielte. Daher präsentieren zwölf historische Bauerngärten aus unterschiedlichen Zeitabschnitten die Gartenkultur ihrer Höfe, die durch Obstbäume ergänzt werden. Ein Kräuterlehrgarten zeigt die Vielfalt der Gewürz-, Heil- und Färberpflanzen. Hier finden vor allem Medizinalpflanzen aus dem Alpenraum ihr Zuhause. Königskerze, Eibisch, Echinacea, Eisenkraut, Fingerhut und vieles mehr wachsen hier in gesunder Mischkultur nebeneinander. Immer wieder lädt das Museum zu Veranstaltungen rund um das bäuerliche Pflanzenwissen ein und bemüht sich um diesen wichtigen Wissenstransfer.

Für die Zukunft hat sich das Museumsteam schon Einiges einfallen lassen und wird das „Essbare Museumstal" um einige kulinarische Überraschungen ergänzen. Unter anderem wird, in Zusammenarbeit mit „Einfach Essbar", ein Naschweg durch das Museum angelegt, der zum neu aufgebauten historischen Gasthaus führt. In der „Kuchl" der alten Gastwirtschaft werden aus dem natürlich gewachsenen Obst und Gemüse sowie aus den Kräutern und Beeren der Bauerngärten kulinarische Schmankerln nach alten Rezepten bereitet, die sich die Gäste schmecken lassen können.

KONTAKTDATEN
www.stuebing.at
Facebook-Seite vorhanden
service@freilichtmuseum.at, +43 3124 537 00

HOLUNDERSUPPE

MOSTSUPPE

Ein Stück Butter in einer Kasserrolle zergehen lassen, die Holunderbeeren und den blättrig geschnittenen Apfel dazugeben, mit Wasser aufgießen und langsam dünsten lassen, dabei umrühren. Mit Zimt und Zucker aromatisieren. Mehl und kalte Milch verrühren, dazugeben und aufkochen lassen. Mit gebähten Semmelschnitten heiß oder kalt servieren.

ZUTATEN
500 g Holunderbeeren
40 g Butter
1 Prise Zimt
30 g Feinkristallzucker
500 ml Wasser
20 g Weizenmehl
125 ml Milch
1 Apfel

Süßen Most sieden lassen. Aus Mehl und Butter eine lichte Einbrenn (Mehlschwitze) bereiten und mit dem Most langsam aufgießen. Verrühren und langsam weiterkochen lassen. Vom Feuer nehmen und mit etwas Obers und Eidottern (beides gut versprudelt) binden. Semmeln in Scheiben schneiden und leicht rösten. Suppe über die Semmelschnitten gießen und servieren.

ZUTATEN
1 l Apfelmost
30 g Weizenmehl
30 g Butter
100 ml Schlagobers
(Schlagsahne)
2 Eidotter
(Eigelb)
2 Semmeln
(Brötchen)

OFENKATZ

Zunächst aus Hefe, 1 EL Zucker, lauwarmer Milch und etwas Mehl ein Dampfl (Vorteig) rühren und dieses zugedeckt an einem warmen Ort ruhen lassen. Die Butter mit dem restlichen Zucker, den Eiern, Dottern und 1 Prise Salz schaumig rühren. Die Eiermasse eventuell mit geriebener Zitronenschale sowie Vanillezucker aromatisieren

und mit dem Dampfl und Mehl zu einem geschmeidigen Teig verarbeiten und abermals zugedeckt gehen lassen. Anschließend mit dem vorbereiteten Dörrobst vermengen und in eine Kasserolle geben, nochmals aufgehen lassen, mit Butter bestreichen und im vorgeheizten Backofen bei mittlerer Hitze backen.

ZUTATEN
30 g Hefe
80 g Feinkristallzucker
Milch
40 g Mehl
140 g Butter
2 Eier
2 Eidotter (Eigelb)
1 Prise Salz
1 TL geriebene
    Zitronenschale
Vanillezucker
    gedörrtes Obst
    nach Saison
    Butter zum Bestreichen

Die Rezepte dieser Doppelseite wurden uns vom Österreichischen Freilichtmuseum Stübing zur Verfügung gestellt.

Übelbach

1. Essbare Gemeinde Österreichs

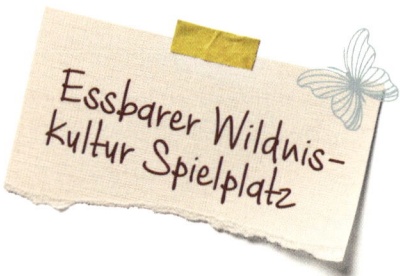

Essbarer Wildnis-
kultur Spielplatz

Die Marktgemeinde Übelbach mit ihren knapp 2000 EinwohnerInnen sorgte 2013 für österreichweite Schlagzeilen. Der Gemeinderat beschloss einstimmig, dass Bürger und Bürgerinnen von nun an gemeindeeigene Flächen in essbare, für alle Bewohner beerntbare Gärten verwandeln können. Jeder Bürger hat das Recht, einen Garten auf einer gemeindeeigenen Fläche anzulegen. Die einzigen Auflagen bestehen darin, chemiefrei und naturnah zu Gärtnern. Obst oder Gemüse, das auf einer solchen Selbsternteflache angebaut wird, kann und darf von ALLEN geerntet werden. Durch dieses Vorgehen profitiert die Bevölkerung nicht nur von einem vermehrten Angebot an organisch angebauten Lebensmitteln, auch das soziale Miteinander wird durch dieses „Prinzip des Teilens" gestärkt. Bürgermeis-ter Markus Windisch: „Wir müssen die Tugend des Teilens wieder modern machen: Güter teilen, Erfahrungen teilen, Wissen teilen, Freude und Leid teilen, gemeinsam leben!" Die Flächen sowie notwendige Materialien für das Anlegen der Gärten stellt die Gemeinde kostenfrei zur Verfügung.

Das Kernstück der „1. Essbaren Gemeinde Österreichs" ist der Spielplatz im Zentrum des Ortes. Dieses Areal wurde durch die fachkundige Beratung der Perma- und Wildniskulturberater des Vereins „PermaVitae" und der Mitglieder des örtlichen Obst- und Gartenbauvereins in einen „Essbaren Spielplatz" verwandelt.

Der Garten entwickelt sich immer weiter und besticht durch seine Vielzahl an interessanten Bereichen und Elementen. So wird das Areal etwa seit Kurzem von einem lebenden Weidenzaun umgeben. Ebenfalls als Abgrenzung finden wir Benjes-(Totholz-)Hecken, die nicht nur zahlreichen essbaren Pflanzen, sondern auch Igeln und Vögeln als Wohnraum dienen. Kindergarten und Volks-

Die Tugend des Teilens wieder modern machen

ORT 8124 Übelbach/ Steiermark
PROJEKTBETREIBER
    Marktgemeinde Übelbach
    Verein PermaVitae
PROJEKTSTART Frühjahr 2013
AWARDS Grazer des Jahres 2013,
    Jurypreis des Magazins
    Chrismon, 2014
ANDERE ESSBARE PLÄTZE
    Marktplatz, Schindersteg,
    Pflegeheim, „Essbarer Trabi"
INITIATOREN Marktgemeinde Übelbach,
    Sandra und Johann Peham, Obst-,
    Wein- und Gartenbauverein
GESTALTUNG UND UMSETZUNG
    Permakultur-Wildniskultur Peham,
    Obst-, Wein- und Gartenbauverein,
    Margarete Struger, Marktgemeinde
    Übelbach
FLÄCHE ca. 2000 m²
BEWIRTSCHAFTUNGSART
    Wildniskulturgarten nach dem
    Vorbild der Natur
ERNTE jederzeit für alle möglich
INTENTIONEN öffentliche Selbsternte-
    plätze entstehen nach einstimmigen
    Gemeinderatsbeschluss, in ganz
    Übelbach; Vielfalt, Nachhaltigkeit,
    Chemiefreiheit und Freiheit in der
    Art der Gestaltung; Bevölkerungs-
    beteiligung bei einer ökologischen
    Gemeindeentwicklung
BESUCHSMÖGLICHKEITEN
    jederzeit frei zugänglich
EXKURSIONEN/FÜHRUNGEN ja, nach
    Voranmeldung bei Sandra Peham
MITGLIED VON „EINFACH ESSBAR" ja

schule beteiligen sich alljährlich mit Gartenprojekten an der Gestaltung. Gäste aus Nah und Fern wirken tatkräftig bei der Umsetzung und Bewirtschaftung des Gartens mit. Alljährlich führt eine internationale „Perma- und Wildniskulturreise" nach Übelbach, und so mancher Gast ließ sich schon zu einem essbaren Projekt in seinem Heimatland inspirieren.

In nur zwei Jahren entstanden in Übelbach fünf unterschiedliche Gärten, die entweder von Privatpersonen, Firmen oder Vereinen ehrenamtlich betreut werden.

Die Marktgemeinde Übelbach beweist, dass kleine ressourcenschonende, ökologische Projekte große Wirkung haben können. Wir dürfen gespannt sein, welche wunderbaren Impulse durch diese ökologische Gemeindeentwicklung noch gesetzt werden!

KONTAKTDATEN
Marktgemeinde Übelbach: www.uebelbach.gv.at
Verein PermaVitae: www.permavitae.org
Permakultur/Wildniskultur Peham:
www.permakulturwildniskultur.wordpress.com
Facebook-Seite vorhanden
Sandra Peham: s.peham@einfachessbar.org, +43 664 73 49 90 35

GIERSCH-RAVIOLI

Mehl mit Eiern und Olivenöl am besten in der Küchenmaschine gut verarbeiten und zu einem geschmeidigen Teig kneten. Nach Bedarf etwas Wasser einarbeiten, damit der Teig nicht zu fest wird. Für die Füllung den Giersch verlesen und eventuell waschen. Zwiebel schälen. Beides fein schneiden und mit Frischkäse und Salz verrühren. Den Teig teilen und auf einer bemehlten Arbeitsfläche zu 2 Rechtecken (ca. 20 x 30 cm) ausrollen. Eines zur Gänze mit dem verquirlten Ei bestreichen. Die vorbereitete Fülle in kleinen

Häufchen (etwa 1 TL) in Abständen von etwa 2,5 cm auf die bestrichene Teigfläche setzen. Mindestens einen 1 cm breiten Rand lassen. Das zweite Teigstück darüberlegen. Teig an den Rändern und rund um die Füllung gut anpressen. Mit einem Teigrad, Ravioli-Ausstecher oder umgedrehten Glas etwa 5 cm große Ravioli ausstechen, Ränder nochmals festdrücken und auf eine bemehlte Unterlage legen. In einem großen Topf ausreichend viel Salzwasser aufkochen und die Ravioli leicht wallend 3 bis 5 Minuten ziehen lassen. Vorsichtig herausheben und gut abtropfen lassen. Für die Soße Schlagobers aufkochen, Emmentaler darin schmelzen und mit Salz würzen. Ravioli anrichten und mit der Soße übergießen.

ZUTATEN

Ravioli
300 g Weizenmehl
3 Eier
1 Schuss Olivenöl

1 Ei zum Bestreichen

Füllung
100 g Giersch
100 g Zwiebel
200 g Frischkäse
Kräutersalz

Soße
250 ml Schlagobers
(Schlagsahne)
100 g geriebener
Emmentaler
Salz

KÜRBISROSE

ERDBEER–TOPFENKNÖDEL MIT NUSSBRÖSELN

Kürbis schälen und entkernen. In kleine Würfel schneiden und mit etwas Wasser und Salz weichdünsten. Mit dem Pürierstab fein pürieren. Hefe in der Milch auflösen, mit allen anderen Teigzutaten und dem Kürbispüree zu einem mittelfesten Hefeteig verkneten und abgedeckt aufgehen lassen. Alle Zutaten für die Füllung gut verrühren. Teig halbieren und zu Kugeln formen. Diese gut 10 Minuten entspannen lassen. Danach in Rechtecke (30 x 40 cm) ausrollen und mit der Füllung gleichmäßig bestreichen. Von der Längsseite her einrollen. Mit einem scharfen Messer Schnecken herunterscheiden und zu einem Kreis legen. Die kleineren Endstücke in die Mitte legen. Die Rose mit verquirltem Ei bestreichen und noch 15 Minuten aufgehen lassen. Im vorgeheizten Backofen bei 180 °C 25 bis 30 Minuten backen.

Aus weicher Butter, Topfen, Ei, Salz und Mehl einen Knödelteig bereiten, indem alle Zutaten mit dem Mixer gut vermengt werden. Den Teig in 12 gleich große Stücke teilen und mit Erdbeeren zu Knödeln formen. In Salzwasser leicht wallend 15 bis 20 Minuten kochen. Für die Nussbrösel die Butter zerlassen. Danach die restlichen Zutaten dazugeben und vermengen. Knödel nach der Garzeit herausnehmen und in den Nussbröseln drehen. Eventuell mit einer kalten Fruchtsoße anrichten.

Innsbruck-Wilten

Gemeinschaftsgarten

Interkultureller Garten

I'm interkulturellen Garten Wilten finden wir alles, was einen natürlichen Garten ausmacht: organisch angebautes Obst und Gemüse, Artenvielfalt der Pflanzen und das Gefühl des „Zu-Hause-Seins", sobald man durch die Gartentür tritt. Das hängt zum einen mit der Gestaltung des Gartens an sich zusammen, zum anderen aber auch mit der Philosophie, die hinter diesem Projekt steht: Freiheit – Toleranz – Wertschätzung. Dieser besondere Garten ist ein Ort der Begegnung für Menschen aus verschiedenen Ländern, Kulturen, Lebensformen und Altersstufen.

Der „Interkulturelle Gemeinschaftsgarten" eröffnete 2009. Die Trägerschaft übernahm zu Beginn das „Tiroler Bildungsforum – Verein für Kultur und Bildung". Seit 2012 ist der Garten ein unabhängiger Verein, der sich

ORT 6020 Innsbruck
PROJEKTBETREIBER
    Verein „Interkultureller Gemeinschaftsgarten Wilten-Innsbruck"
PROJEKTSTART 2009
AWARDS „Preis der Vielfalt 2013 – Zusammenleben fördern" der Stadt Innsbruck, 1. Platz beim Bank Austria Sozialpreis für Tirol 2015
INITIATOREN VertreterInnen von sechs Institutionen aus den Bereichen der Integration-, Bildungs- und Flüchtlingsarbeit sowie privat engagierte Personen
GESTALTUNG UND UMSETZUNG
    Planungsgruppe „Interkultureller Gemeinschaftsgarten"
FLÄCHE 2600 m²
BEWIRTSCHAFTUNGSART
    biologisches Gärtnern mit Elementen aus der Permakultur
ERNTE die Ernte erfolgt durch die GemeinschaftsgärtnerInnen
INTENTIONEN Schaffung eines Begegnungsraumes von Menschen aus unterschiedlichen Kulturen und Gesellschaftsschichten; Produktion von hochwertigen natürlichen Lebensmitteln
BESUCHSMÖGLICHKEITEN
    Besuche sind auf Anfrage möglich, wenn GärtnerInnen im Garten anwesend sind.
EXKURSIONEN/FÜHRUNGEN
    ja, auf Wunsch auch mehrsprachig
MITGLIED VON „EINFACH ESSBAR" ja

Freiheit – Toleranz – Wertschätzung

aus allen beteiligten GärtnerInnen zusammensetzt. Das Grundstück stellt das Stift Wilten dem Verein bis auf Weiteres zur Verfügung. Im interkulturellen Garten Innsbruck-Wilten sind mehr als 80 Personen aus mehr als 20 Nationen mit ihren Familien aktiv.

Der Garten bietet Menschen unterschiedlicher Herkunft – Zugewanderten und Nicht-Zugewanderten – die Möglichkeit, auf einem gemeinschaftlich genutzten Grundstück Gemüse, Kräuter und andere Pflanzen zur Eigenversorgung anzubauen und dadurch miteinander in Kontakt zu treten.

Innerhalb des Gartens gibt es persönliche Beete für einzelne Personen und Familien, Gruppen- und Gemeinschaftsbeete sowie Aufenthaltsbereiche für Kinder und Erwachsene zur gemeinsamen Nutzung. Zum ständigen Mitgestalten der Gemeinschaftsflächen sind auch jene eingeladen, die kein eigenes Beet übernehmen, aber immer wieder dabei sein möchten.

Der interkulturelle Gemeinschaftsgarten besticht durch seine Ganzheitlichkeit und seine unumstößliche Philosophie der Vielfalt und Akzeptanz. Er ist beispielgebend und gibt Mut und Hoffnung auf eine Welt, in der Gemeinsames über Trennendes gestellt wird.

KONTAKTDATEN
Facebook-Seite vorhanden
interkultureller.garten@gmail.com, +43 681 20 90 74 16

GORME SABSI MIT KRÄUTERN AUS DEM GARTEN

GELBE ZUCCHINIPUFFER

ZUTATEN
400 g Lammkeule
oder Kalbfleisch
2 mittelgroße Zwiebeln
200 g rote Bohnen
Spinat, Mangold
Gartenkräuter (Dille,
Petersilie, Schnittlauch,
Bockshornklee, Koriander)
je ½ TL Curry und Zimt
Saft von 1 Limone
oder Zitrone
1 l Wasser
Öl, Salz, Pfeffer

4 Tassen Basmatireis

ZUTATEN
4 friulanische
gelbe Zucchini
200 g Zwiebeln
2 Eier
100 g Mehl
Salz, Pfeffer
Öl zum Braten

Die Zwiebel schneiden und goldgelb braten. Fleisch in Würfel schneiden, hinzugeben und gut anbraten. Mit 1 l Wasser aufgießen, Bohnen zufügen und alles weich kochen. Falls Sie frische Bohnen verwenden, diese vorher über Nacht einweichen. Reis aufstellen und köcheln lassen. Separat in etwas Öl die Kräuter mit dem Spinat und dem Mangold anbraten. Mit Curry, Zimt sowie Limonen- oder Zitronensaft abschmecken und anschließend mit dem Fleisch vermischen. Mit Koriander dekorieren und dampfend servieren. Dazu reichen Sie Basmatireis.

Dieses Rezept stammt von Ziba Behdarvandi aus dem Iran.

Die Zucchini grob reiben und mit etwas Salz durchmischen. Das entstandene Zucchiniwasser abseihen. Zwiebeln reiben und mit den Zucchini sowie den anderen Zutaten mischen. Flache Zucchinilaibchen formen und 3 bis 4 Minuten lang durchbraten. Mit bunten Blattsalaten anrichten. Als Beilage passt aber auch ein Apfelmus sehr gut.

Dieses Rezept stammt von Ivo Ragogna aus Italien.

GEFÜLLTE
PFEFFERONI

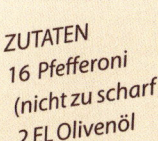

Für die gefüllten Pfefferoni die Pfefferoni der Länge nach aufschneiden und Häutchen sowie Kerne entfernen. Innen und außen mit Olivenöl bestreichen. Für die Füllung Mozzarella und Rohschinken kleinwürfelig schneiden. Die Oliven in kleine Scheiben schneiden. Die Knoblauchzehen schälen und fein hacken. Alle Zutaten vermengen und mit Salz und Pfeffer würzig abschmecken. Die vorbereiteten Pfefferoni mit der Masse füllen. Auf dem heißen Grill etwa 10 Minuten grillen.

ZUTATEN
16 Pfefferoni
(nicht zu scharf)
2 EL Olivenöl

Füllung
100 g Mozzarella
60 g Rohschinken
16 grüne Oliven
2 Knoblauchzehen
80 g Frischkäse
Oregano
Salz, Pfeffer

Feldkirch

Gemeinschaftsgarten

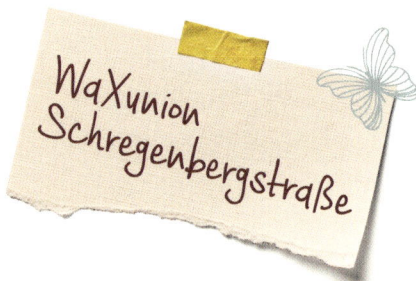

WaXunion Schregenbergstraße

Der Gemeinschaftsgarten der „waXunion", des Vereins zur Förderung von Nachhaltigkeit und Vielfalt, stellt das Miteinander ins Zentrum der Aufmerksamkeit. Die Mitglieder und gleichzeitigen Betreiber dieser Initiative schufen einen Garten, der in seiner Gestaltung wie auch in seiner Philosophie auf Freiheit, Kommunikation und Vertrauen aufbaut.

Gemeinsam Schönes und Sinnvolles zu tun und damit das soziale Miteinander zu stärken, ist die Triebfeder dieser Gemeinschaft. Der Garten dient als Quelle der Freude. Jeder macht das, was er gerne tut. Es gibt kein Muss, und niemand bestimmt über den anderen. Das Motto lautet: Reden wir miteinander!

Die Betreiber dieses idyllischen Plätzchens errichteten neben elf circa zehn Meter langen Hügelbeeten auch di-

verse andere Möglichkeiten der Bepflanzung. Darunter fallen Flach-, Heilkräuter- und Terrassenbeete genauso wie Pflanzenversuchs- und Kartoffelfelder.

Das Grundstück dient den Nutzern nicht nur zum Anbau im Sinne der Ernährungssouveränität. Es verfügt durch etliche Ruheplätze wie eine Chill-out-Lounge und schattige Sitzbänke auch über räumliche Möglichkeiten Gartengespräche zu führen. Da die Anbauflächen im Gemeinschaftsgarten von allen bearbeitet und beerntet werden und es keine bestimmten Personen zugeordneten Einzelbeete gibt, sind gerade diese Gespräche wichtig, um gemeinsame Ziele zu definieren und anfallende Probleme und Entscheidungen zu erörtern. Für die GärtnerInnen sind sie aber auch Plätze der Ruhe und der Besinnung.

Der Garten der „waXunion" besticht durch seine vielseitige, natürliche Bepflanzung, durch die nicht nur ein hoher Ertrag an Früchten garantiert ist. Das Miteinander der Pflanzen in Mischkultur erweist sich auch als

Der Garten – ein Quell der Freude

ORT 6800 Feldkirch
PROJEKTBETREIBER
waXunion, Verein zur Förderung
von Nachhaltigkeit und Vielfalt
PROJEKTSTART September 2013
INITIATOREN
Marion Wachter und Freunde
GESTALTUNG UND UMSETZUNG
durch die Vereinsmitglieder
FLÄCHE 1700 m²
BEWIRTSCHAFTUNGSART
naturnahe, extensive Mischkultur
ERNTE Mitglieder des Vereins, die sich in
den Garten einbringen
INTENTIONEN
schönes und sinnvolles gemeinsames Tun; Nachhaltigkeit,
Vielfalt, Inklusion, Gesundheit
und Ernährungssicherheit sowie
Kommunikation und Gemeinnutz
statt Eigennutz leben und fördern;
Wissenstransfer zwischen Generationen und Kulturen fördern; natürlich
gewachsene Lebensmittel anbauen
und verarbeiten; Grundsatz: „Handle
so, dass die 7. Generation nach Dir
noch die gleiche Lebensqualität
vorfindet!"
BESUCHSMÖGLICHKEITEN
jederzeit frei zugänglich
EXKURSIONEN/FÜHRUNGEN
ja, nach Voranmeldung
bei Marion Wachter
MITGLIED VON „EINFACH ESSBAR" ja

arbeitsvermindernd (extensiv) und hilft mit, eventuelle Schädlingspopulationen einzudämmen. Das geschieht allein schon dadurch, dass diese – anders als in der Monokultur – „ihre Lieblingspflanze" nicht gleich in direkter Nachbarschaft finden, sondern eine „Wanderung" notwendig ist, um zur nächsten Mahlzeit zu gelangen.

Mitmachen im Garten, um Teil dieses schönen Projekts zu sein, ist für all jene möglich, die sich im Verein engagieren möchten. Und es sei gesagt: Es lohnt sich!

KONTAKTDATEN
Marion Wachter: marion@wachter-consult.at, +43 676 697 10 97

TOPINAMBUR IM WOK

Topinambur sauber waschen und in etwa 5 mm dicke Scheiben, Auberginen in ähnlich große Stücke schneiden. Karfiol in Röschen teilen. Paprika halbieren, entkernen und in circa 2 x 2 cm große Stücke schneiden. Die Jungzwiebeln in 1 cm breite Ringe schneiden. Öl in der Wokpfanne erhitzen und das vorbereitete Wokgemüse der Reihe nach beginnend mit Paprika hineingeben

und 1 Minute rösten. Dann nach und nach Karfiol, Topinambur, Jungzwiebeln und Auberginen jeweils nach 1 Minute zufügen und mitrösten. Anschließend Sojasoße, Zucker, Curry, frischer geriebener Ingwer sowie Salz und Pfeffer zufügen. Noch kurz kochen lassen und würzig abgeschmeckt servieren.

ZUTATEN

500 g Topinambur
200 g Auberginen
200 g gelber Karfiol
(Blumenkohl)
100 g grüner Paprika
100 g Jungzwiebel
50 g Pflanzenöl
4 EL Sojasoße
10 g Feinkristallzucker
1 TL Currypulver
1 TL Ingwer
Salz, Pfeffer

KARFIOL–FRUCHTSALAT

FRISCHKÄSE–GEMÜSEAUFSTRICH MIT WINTERHECKENZWIEBEL

ZUTATEN
500 g weißer und
gelber Karfiol
(Blumenkohl)
3 Kiwis
150 g rote Zwiebel
150 g weiße Trauben

Dressing
Weißweinessig
Walnussöl
Salz
Schnittlauch

Den Karfiol in kleine Röschen teilen und 3 Minuten dämpfen. Danach abkühlen lassen. Kiwis schälen und in 1 cm große Würfel schneiden. Zwiebeln ebenfalls schälen und feinwürfelig schneiden. Die Traubenbeeren abzupfen. Alle Früchte sorgsam miteinander vermengen, damit diese gut erkennbar bleiben können. Für das Dressing Essig, Öl, Salz und fein geschnittenen Schnittlauch vermengen und über die vorbereiteten Salatzutaten gießen. Alles kurz durchrühren und 10 Minuten anziehen lassen. Dann nochmals kurz vermengen und würzig abschmecken. In kleinen Schüsseln hübsch anrichten und als Salat oder auch als Rohkost servieren.

Paprika und Essiggurken in kleine Würfel schneiden. Zwiebel schälen und feinwürfelig schneiden; die Knoblauchzehen ebenso. Winterheckenzwiebel in Ringe schneiden und zwei Drittel für die Garnitur zur Seite geben. Frischkäse mit Sauerrahm und den Gewürzen sehr gut verrühren. Vorbereitetes Gemüse dazugeben und gut verrühren. Den Aufstrich gut und schmackhaft abschmecken. Mit Winterheckenzwiebel bestreut servieren.

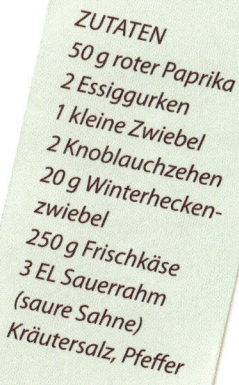

ZUTATEN
50 g roter Paprika
2 Essiggurken
1 kleine Zwiebel
2 Knoblauchzehen
20 g Winterheckenzwiebel
250 g Frischkäse
3 EL Sauerrahm
(saure Sahne)
Kräutersalz, Pfeffer

Wien

„Einfach Essbar"-Fensterbank

Siebenbrunnengasse

„Wien ist anders", so hört man seit Jahren! Wir wollen diese Meinung bestätigen und haben aus den vielen essbaren Initiativen dieser großen Stadt, die wohl allerkleinste herausgesucht und gefunden.

Denn gerade Metropolen profitieren durch kleine Gartenprojekte, die durch ausgeklügelte Systeme den positiven klimatischen Nutzen durch Fassadenbegrünung mit dem wunderbaren Erlebnis des „Essbaren" verknüpfen.

So geschehen auf der „Essbaren Fensterbank" von Volkmar Geiblinger und Nicole Caran. Die beiden konnten ihre direkten Nachbarn dazu motovieren, mit ihnen gemeinsam einen „Gemeinschaftsfensterbankgarten" zu beginnen. Volkmar hat sich dazu ein nachahmenswertes Bepflanzungs- und Wasserversorgungssystem einfallen lassen, das den „Garten vor

ORT 1050 Wien
PROJEKTBETREIBER Volkmar Geiblinger und Nicole Caran
PROJEKTSTART März 2015
AWARDS 1. Platz beim österreichweiten „Urban Gardening Wettbewerb" 2015 der Informationsplattform für Biokonsumenten BIO-Info
INITIATOREN Volkmar Geiblinger und Nicole Caran
GESTALTUNG UND UMSETZUNG Volkmar Geiblinger
FLÄCHE 1,5 m²
BEWIRTSCHAFTUNGSART Permakultur/Wildniskultur/biologisch
ERNTE Individualernte für die Gemeinschaftskistl-Gärtner
INTENTIONEN ein Zeichen setzen für eine ressourcenschonende Nahversorgung; auf kleiner Anbaufläche maximale Ernteerträge mit natürlich Gewachsenem erzielen; andere motivieren Ähnliches zu machen
BESUCHSMÖGLICHKEITEN als Fassadengarten jederzeit von unten einsehbar
EXKURSIONEN/FÜHRUNGEN ja, nach persönlicher Absprache
MITGLIED VON „EINFACH ESSBAR" ja

dem Fenster" unabhängiger werden lässt. Die für die kleine Anbaufläche von 1,5 Quadratmeter hohen Ernteerträge werden gerecht aufgeteilt. Überschüsse sollen in Zukunft in der benachbarten Pizzeria verkocht werden. So gibt es schon jetzt während der Haupterntezeit eine „Gassenpizza", die je nach Ernte belegt wird.

Dieses Konzept kann im Zuge der Erweiterung der „Essbaren Fensterbank" auch noch ausgedehnt werden. Es gibt Pläne für ein innerstädtisches „Community Café" als Schauprojekt, das durch koordinierten Anbau von Gemüse von angrenzenden Nachbarn beliefert werden soll.

Der Mehrwert der „Essbaren Fensterbank" liegt neben der wachsenden Nahrungssouveränität und dem ökologischen Grundgedanken vor allem auch darin, einen lustvollen Prototypen einer möglichen zukünftigen Struktur zur urbanen Lebensmittelversorgung zu schaffen. Bei möglichst geringem ökologischem Footprint werden viele Mehrfachnutzungen wie natürliche Wärmedämmung und Klimaregulierung durch dieses Projekt aufgezeigt.

Das neue von Volkmar erdachte technische Konzept zeigt den vollständigen Produktionszyklus vom Anbau bis zur Kompostierung im Blumenkisterl, und das naturnah, wartungsarm und ressourcenschonend!

Nicole und Volkmar schaffen es durch ihren Einsatz und ihren Erfindungsreichtum, dass sich die Nachbarn mitten in einer belebten Wohnstraße innerhalb eines Mehrparteienhauses wieder näherkommen, sich kennenlernen und gemeinsame Interessen finden. Darüber hinaus setzen sie ein Zeichen für eine umweltschonende, soziale Nahrversorgung, die nach diesem Prinzip überall auf der Welt machbar ist.

KONTAKTDATEN
Volkmar Geiblinger: volkmar@trilight.eu, +43 676 526 42 94
Die Baupläne für das Bewässerungssystem der „Essbaren Fensterbank" werden von Volkmar Geiblinger nach Anfrage gerne zur Verfügung gestellt.

BLÜTENBUTTER

Den kühlen Butterwürfel in 3 gleich dicke Scheiben schneiden und nebeneinander hinlegen. Auf die erste Scheibe ein Drittel der Blüten aufstreuen und ganz leicht salzen. Die zweite Butterscheibe genau darüberlegen und andrücken. Wieder mit einem Drittel der Blüten bestreuen und salzen. Dann die letzte Butterscheibe darauflegen und gut andrücken. Blütenbutterwürfel in das ursprüngliche Butterpapier oder in Frischhaltefolie wickeln und 1 Stunde kühlen. Danach in Scheiben oder kleine Würfel aufschneiden und mit einem schmackhaften Brot (z. B. Buchweizen-Dinkel-Brot, S. 50) servieren.

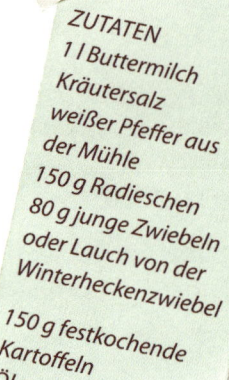

ZUTATEN
1 l Buttermilch
Kräutersalz
weißer Pfeffer aus der Mühle
150 g Radieschen
80 g junge Zwiebeln oder Lauch von der Winterheckenzwiebel
150 g festkochende Kartoffeln
Öl zum Frittieren

ZUTATEN
250 g Süßrahmbutter
100 g essbare Blüten (zum Beispiel von Löwenzahn, Ringelblume, Veilchen, Himmelschlüssel, Salbei, Rotklee, Kornblume, Ackerstiefmütterchen, Gundelrebe) oder 10 g trockene Blüten dieser Art
10 g Kräutersalz

Die Buttermilch mit Salz und Pfeffer sehr gut verrühren. Die Radieschen in feine Blätter schneiden und unterrühren. Die jungen Zwiebeln ebenso fein schneiden und dazugeben. Gut verrühren und würzig abschmecken. Für 3 Stunden zum Durchziehen in den Kühlschrank stellen. Für die Kartoffelchips die Kartoffeln mit einer Reibe blättrig schaben und im heißen Fett goldgelb backen. Auf Küchenkrepp abtropfen lassen. Die bunte Suppe anrichten, mit den noch warmen Chips garnieren und sofort servieren.

WILDKRÄUTERROSE

Die Hefe in etwas Milch auflösen. Das Mehl in eine Schüssel geben und alle anderen Zutaten hinzufügen. Teig von Hand oder mit der Knetmaschine zu einem geschmeidigen Hefeteig kneten, bis sich dieser vom Schüsselrand löst. Mit einem Tuch zudecken und gut aufgehen lassen. Teig zu einem Quadrat in der Größe von circa 45 x 45 cm ausrollen. Mit weicher Butter bestreichen und mit dem fein geschnittenen Knoblauch und den Kräutern bestreuen. Teigfläche in 5 x 15 cm große Rechtecke schneiden.

Die einzelnen Teile wie folgt zu einer Rose zusammenfügen: 1. Teigstück mit der Fülle nach innen einrollen und auf ein mit Backpapier belegtes Backblech setzen. Das 2. Teigstück wieder mit der Fülle nach innen darum herumwickeln. Dann das 3. Teigstück überlappend anfügen. So werden alle Teigstücke verarbeitet. Die äußersten können etwas nach außen gebogen werden, damit es eine schöne Blütenform ergibt. Mit gut verquirltem Ei bestreichen und aufgehen lassen. Im vorgeheizten Backofen bei 180 °C 25 bis 30 Minuten backen.

ZUTATEN
40 g Hefe
600 ml Milch
1 kg Weizenmehl
20 g Feinkristallzucker
oder Honig
20 g Salz
50 g weiche Butter

4 Knoblauchzehen
10 g getrocknete oder
frische Kräuter nach
Belieben
1 Ei zum Bestreichen

Herdwangen

Gemüseanbau im Einklang mit der Natur

Ernteland Schlosserhof

Das „Ernteland Schlosserhof" ist eine Familieninitiative, die vor allem durch den Einsatz und die Visionen dreier Damen getragen wird.

Julia Bohl, eine der Initiatorinnen und Betreiberinnen, verspürte vor einigen Jahren das Bedürfnis, das Arbeiten in und mit der Natur sowie das Kultivieren von natürlich gewachsenem Gemüse zu ihrem vorrangigen Arbeitsgebiet zu machen. Ihre Mitstreiterinnen ließen sich nicht lange bitten, und so entwickelten Gabriele Berchter-Bohl, Jana Veh und Julia Bohl gemeinsam ein Konzept, das sie auf dem gemeinsamen Grundstück in die Tat umsetzten.

Permakultur/Wildniskultur ist für die drei Frauen die einzige vorstellbare Form der Bewirtschaftung. Nur bei dieser Methode wird gänzlich auf Spritz- und Düngemittel verzichtet, und die Pflanzen produzieren dank Mischkultur alle ihre Vitalstoffe.

Am „Ernteland" finden wir ausschließlich alte Kultursorten, die robust und dadurch unanfällig für Krankheiten und Schädlingsbefall sind.

„Lebensmittel wie Obst und Gemüse werden meist nicht mehr natürlich angebaut und sind oft langen Lagerzeiten und Transportwegen ausgesetzt. Dadurch verlieren sie wichtige Vitalstoffe und werden von Lebensmitteln zu Nahrungsmitteln", wie Gabriele, die auch als Ernährungsberaterin arbeitet, konstatiert.

Deshalb möchten die Initiatorinnen den Konsumenten regionale, gesunde Lösungen anbieten. Julia und Jana betreiben jeden Samstag einen „Ernteland"-Stand auf dem Bauernmarkt und verkaufen dort ihre selbst veredelten Produkte wie Fruchtaufstriche aus rosa Springkraut, Löwenzahn, Huflattich oder Mädesüß. Aber nicht nur der Verkauf steht im Mittelpunkt dieser Tätigkeit.

Familieninitiative Ernteland Schlosserhof

ORT 88634 Herdwangen
PROJEKTBETREIBER
    Gabriele Berchter-Bohl,
    Jana Veh, Julia Bohl
PROJEKTSTART Januar 2013
INITIATOREN
    Julia Bohl, Gabriele
    Berchter-Bohl, Jana Veh
GESTALTUNG UND UMSETZUNG
    Julia Bohl, Gabriele
    Berchter-Bohl, Jana Veh
FLÄCHE 1000 m²
BEWIRTSCHAFTUNGSART
    Permakultur/Wildniskultur
ERNTE nach Absprache; Verkauf der
    Produkte am Bauernmarkt
    in Überlingen
INTENTIONEN
    Gemüseanbau im Einklang mit der
    Erde, frei von jeglichen Spritz- und
    Düngemitteln; Produktveredelung
    alter, robuster, fast vergessener
    Pflanzen; Weitergabe von altem
    Wissen in Form von Workshops und
    Seminaren; Neues ausprobieren und
    Altes, Funktionierendes erhalten;
    regionaler und saisonaler Lebens-
    mittelanbau
BESUCHSMÖGLICHKEITEN
    nach telefonischer Absprache
    und im Rahmen der angebotenen
    Seminare
EXKURSIONEN/FÜHRUNGEN
    ja, nach Anmeldung
MITGLIED VON „EINFACH ESSBAR" ja

Die Frauen möchten interessierte Menschen auch dafür begeistern, ihre eigenen gesunden, nachhaltigen und natürlichen Lebensmittel anzubauen und diese zu verfeinern.

Das „Ernteland Schlosserhof" öffnet daher immer öfter seine Türen, um im Zuge von Seminaren, das alte Wissen über Heil-, Wild- und Beikräuter weiterzugeben. Wildkräuter werden wieder salonfähig gemacht und zu schmackhaften Gerichten verarbeitet.

Die Initiatorinnen geben mit ihrem Wirken, ihrer bodenständigen Einstellung zur Natur und ihrem Verständnis für das Zusammenwirken von Natur und Mensch ein bemerkenswertes Beispiel, wie ökologische Landwirtschaft wunderbar funktionieren kann.

KONTAKTDATEN
www.schlosserhof.info
Facebook-Seite vorhanden
Gabriele Berchter-Bohl: office@wbl-consulting.com

GIERSCHSTRUDEL

Den Quark mit Ei, Öl, Milch, Salz und der Hälfte des Mehls verrühren, das restliche Mehl mit dem Backpulver vermischen, unter den Teig kneten und ausrollen. Für die Füllung die Zwiebel würfeln, andünsten und mit der Sahne ablöschen. Das Brötchen in kleine Würfel schneiden und zugeben. Die Pastinakenwurzel hobeln und ebenfalls andünsten, bis alles weich ist. Dann den Giersch

ganz kurz in etwas Öl oder Butterschmalz andünsten, bis er zusammenfällt. Alle Zutaten in eine hohe Schüssel geben, die Eier dazugeben und pürieren. Würzen und noch einmal gut durchmischen. Den Teig zu einem Rechteck auswalzen, die Füllung in die Mitte geben, die Seiten zur Mitte hin einschlagen und mit Eigelb bepinseln. Im vorgeheizten Backofen bei 160 °C 30 bis 40 Minuten Ober-/Unterhitze backen.

ZUTATEN
Füllung
1 Zwiebel
200 ml Sahne
(Schlagobers)
1 trockenes Brötchen
(Semmel)
150 g Pastinakenwurzel
(ersatzweise Karotten)
200 g Giersch
etwas Öl oder
Butterschmalz
2 Eier
Gemüsebrühepulver
Salz, Pfeffer
1 Eigelb (Eidotter)
zum Bepinseln

ZUTATEN
Teig
100 g Magerquark
(Magertopfen)
1 Ei
8 EL Öl oder etwas
Butterschmalz
100 ml Milch
½ TL Salz
300 g Dinkelvollmehl
2 TL Backpulver

Mehl für die
Arbeitsfläche

Dieses Rezept wurde uns von Gabriele Berchter-Bohl zur Verfügung gestellt.

APFELKUCHEN MIT SCHNEEHAUBE

Die Eier mit Puderzucker, Wasser, Salz und Vanillezucker dickcremig aufschlagen. Die Butter unter Rühren einfließen lassen. Mehl und Backpulver unterheben. Den Kuchenteig auf ein mit Backpapier belegtes Bachblech streichen. Die Äpfel entkernen, kleinwürfelig schneiden und auf dem Kuchen gleichmäßig verteilen. Im vorgeheizten Backofen bei 200 °C 15 Minuten backen. Für den Belag in der Zwischenzeit die Eiweiße mit dem Zucker dickschaumig aufschlagen. Nach der ersten Backzeit auf den Kuchen streichen und mit einer Zackenspachtel Rillen ziehen. Mit Mandelblättchen bestreuen und weitere 8 Minuten bei 160 °C fertigbacken.

ZUTATEN
5 Eier
200 g Puderzucker (Staubzucker)
2 EL Wasser
1 Prise Salz
1 Pkg. Vanillezucker
80 g Butter, zerlassen
250 g Dinkelvollmehl
½ Pkg. Weinstein- backpulver

Belag
3 große Äpfel
4 Eiweiß (Eiklar)
240 g Puderzucker
50 g Mandel- blättchen

BROMBEERSLASH

Die Brombeeren verlesen und mit Zucker oder Honig sowie dem Zitronensaft verrühren. Eine Stunde stehen und durchziehen lassen. In einem Slashmaker die gezuckerten Brombeeren mit den Eiswürfeln crushen und so lange pürieren, bis eine dickcremige Masse entsteht. Brombeerslash in die Gläser füllen und mit einem überzuckerten Zitronenmelissenblatt garniert servieren.

ZUTATEN
200 g Brombeeren
100 g Kristallzucker oder Honig
Saft einer Zitrone
250 g Eiswürfel

Waldkirch

„Einfach Essbar"-Stadt

Elzbeete

Stellt euch vor, ihr geht durch eure Stadt. Immer wieder findet ihr kleine Gemüsebeete. Daneben stehen Schilder: „Pflücken und Ernten ist ausdrücklich erwünscht. Was hier wächst gehört allen – jeder darf sich mitnehmen, was ihm gefällt." Mit diesem Motto startete 2013 die Bürgerinitiative „Essbare Stadt Waldkirch". Ein Personenkreis formierte sich, um die Stadt nachhaltig ökologisch mitzuentwickeln. Die Beteiligten setzten sich zum Ziel, öffentliche Räume mit Essbarem zu bepflanzen, um viele Menschen mit den Themen Gesunde Lebensmittelproduktion, Bewusstseinsbildung in Sachen Nachhaltigkeit, der „Kultur des Teilens" und für ein freudiges Miteinander durch gemeinsames Tun zu inspirieren. Die Bürgerinitiative ging organisiert und kreativ vor. Sie informierte die Bevölkerung im Zuge von Veranstaltungen über den Mehrfachnut-

ORT Buchholzer Straße, 79183 Waldkirch
PROJEKTBETREIBER Bürgerinitiative „Essbare Stadt Waldkirch"
PROJEKTSTART Frühjahr 2013
ANDERE ESSBARE PLÄTZE Schwarzwaldzoo; bepflanzte Körbe in der Innenstadt; Garten der Kastelbergschule; Beerenhecke am Ritterweg; Beerensträucher beim Mehrgenerationenhaus „Rotes Haus"; mehr ist in Planung
INITIATORTEN Valerie Hollunder, Bürgerinitiative „Essbare Stadt Waldkirch"
GESTALTUNG UND UMSETZUNG Bürgerinitiative, Kneipp-Verein, Stadt Waldkirch, neon*grün-Projekt + BUNDjugend, Tafelgarten Sexau, Kino „Klappe 11", „Green Eagles", Kastelbergschule, Geschwister Scholl-Gymnasium, Schwarzwaldzoo, Beschäftigungsinitiative WABE
FLÄCHE ca. 150 m²
BEWIRTSCHAFTUNGSART Misch- und Zwischenkultur
ERNTE Selbsterntegarten, gratis für alle; Mithilfe erwünscht
INTENTIONEN Lebensraum Garten für alle Generationen und Menschen mit und ohne Handicap; den Wert unserer Lebensmittel kennen- und schätzen lernen; neue Kultur des Teilens; Begegnungszonen schaffen; Bewusstseinsbildung zum Thema Nachhaltigkeit
BESUCHSMÖGLICHKEITEN jederzeit frei zugänglich
EXKURSIONEN/FÜHRUNGEN ja, nach Anmeldung
MITGLIED VON „EINFACH ESSBAR" ja

zen der „Essbaren Stadt", traf Vereinbarungen mit Vereinen, netzwerkte mit Medien und führte Gespräche mit der Stadtregierung. Allein aus diesen Bemühungen sind schon einige Gärten hervorgegangen. Unter anderem zwei Gemüsebeete am Fluss Elz: die sogenannten „Elzbeete". In diesem Garten finden wir Gemüse, Kräuter und Beeren, die in Mischkultur nebeneinander gedeihen. Wunderschön zu beobachten ist die Entwicklung vom „gepflegten unkrautfreien" Beet hin zur Integration von Beikräutern. Die GärtnerInnen lernen, begleitet durch eine Naturpädagogin, die Besonderheiten dieser wichtigen Pflanzen kennen und schätzen. Sie erfahren einiges über die Heilkraft der Wildkräuter und können diesen Wissensschatz mit anderen GärtnerInnen und mit der Bevölkerung Waldkirchs teilen.

Jeden Freitag kann man bei den „Elzbeeten" mitarbeiten. Wem das nicht genügt, dem bieten sich weitere Möglichkeiten, um sich einzubringen. In Sachen Öffentlichkeitsarbeit und bei der Suche nach weiteren Partnern in der Medienlandschaft, bei Vereinen oder den StadtbewohnerInnen werden immer motivierte Menschen gebraucht, ebenso ist die eigenständige Anlage und Pflege neuer Pflanzflächen gerne gesehen.

Das Areal der „Elzbeete" wird der Bürgerinitiative von der Stadt Waldkirch zur Verfügung gestellt. Allerdings gibt es bis dato noch keinen offiziellen Stadtratsbeschluss, der eine nachhaltige Verankerung dieser kostbaren Idee im Raumplanungskonzept zulässt. Wir sind schon gespannt auf alle weiteren Entwicklungen und freuen uns über diese wohlstrukturierte und konstruktive Bürgerbeteiligung.

KONTAKTDATEN
www.essbare-stadt-waldkirch.de
Facebook-Seite vorhanden
Uschi Hollunder: info@essbare-stadt-waldkirch.de, +49 7681 259 12

VOGELMIEREOMELETT MIT RACLETTEKÄSE

Vogelmiere sorgsam verlesen und bei Bedarf kalt abspülen. Eier in eine Schüssel aufschlagen und mit Salz und Pfeffer mit einem Schneebesen sehr gut verrühren. Vogelmiere klein schneiden und zufügen. Käse raspeln oder in kleine Würfel schneiden. Fett in einer Pfanne erhitzen. Jeweils ein Viertel der Eiermasse eingießen und langsam vom Boden her durchbacken. Käse auf eine Hälfte des Omeletts streuen. Das Omelett zusammenklappen und auf einem Teller hübsch anrichten. Frische Vogelmiere als Garnitur verwenden.

ZUTATEN
50 g Vogelmiere
8 Eier
Kräutersalz
Pfeffer aus der Mühle
100 g Raclettekäse

Fett zum Backen

SELLERIEFRITTES MIT CURRY–PETERSILIEN–CREME

ZUTATEN
500 g Knollensellerie
2 Eier
100 g Mehl
75 g Paniermehl
(Semmelbrösel)
Salz, Pfeffer
250 ml Öl

Creme
Petersilie
125 g Crème fraîche
125 g saure Sahne
(Sauerrahm)
Currypulver, Kräutersalz

Für die Creme die Petersilie fein schneiden und mit allen anderen Zutaten cremig verrühren. Für die Frittes Knollensellerie schälen und in 1 cm starke Frittes schneiden. Die Eier aufschlagen, salzen und pfeffern. Die Frittes in Mehl, verquirlten Eiern und Paniermehl wälzen. Im heißen Fett goldbraun backen. Aus dem Fett heben und auf Küchenkrepp kurz abtropfen lassen. Mit der inzwischen leicht durchgezogenen Creme anrichten und noch heiß servieren.

FRISCHE KOHLRABIRÖLLCHEN AUF BUNTEM SALAT

Den Kohlrabi waschen, wenn nötig die harten holzigen Schalenteile entfernen. Mit der Schale – am besten mit einer Schneidmaschine – in dünne Scheiben schneiden und in kochendem Salzwasser kurz kochen. Danach sofort in kaltem Wasser abkühlen. Zucchini und Champignons ebenfalls fein schneiden. Etwas Öl in einer Pfanne erhitzen, Zucchini und Champignons beigeben und kurz durchrösten. Die Flüssigkeit sollte ein wenig einreduziert werden. Mit Salz und Pfeffer würzen und auskühlen lassen.

Den Mozzarella in feine Würfel schneiden. Käse, Quark und das Zucchini-Champignon-Gemisch miteinander vermengen und gut abschmecken. Die Kohlrabiblätter auf Küchenkrepp legen. Die Gemüse-Quark-Masse aufstreichen, einrollen und gut kühlen. Für das Dressing die Tomaten halbieren, Kerne entfernen und das Fruchtfleisch in feine Würfel schneiden. Mit den anderen Zutaten der Marinade gut abschmecken. Die Kohlrabiröllchen mit frischem Blattsalat anrichten und mit der Marinade übergießen.

ZUTATEN
2 Kohlrabi
1 Zucchini
150 g Champignons
80 g Mozzarella
100 g Magerquark
(Magertopfen)

2 Tomaten
2 EL Rotweinessig
2 EL Olivenöl
Salz, Pfeffer
frische Gartenkräuter
nach Geschmack
100 g Blattsalat

Berlin-Wedding

Interkultureller Gemeinschaftsgarten

himmelbeet

Mitten in Berlin-Wedding ist ein interkultureller Gemeinschafts- und Pachtgarten entstanden, der die Besucher zum Mitgärtnern und Selbererernten einlädt. Dieses Konzept des gemeinsamen Tuns inspirierte die angrenzende Nachbarschaft dazu, sich aktiv zu beteiligen. Darüber hinaus konnten die Initiatoren auch Personen des öffentlichen Lebens und Vertreter der Medien für ihre Idee begeistern.

Zahlreiche Preise wurden den GärtnerInnen schon verliehen. Darunter auch der renommierte deutsche Naturschutzpreis oder ein Award des Bundes der deutschen Architekten (BDA). Das gemeinnützige Projekt „himmelbeet" vereint ökologische und soziale Aspekte in seiner Arbeit.

Im Fokus des urbanen Gärtnerns steht die Erzeugung von Nahrungsmitteln in der Stadt mit besonderem Schwerpunkt auf dem ökologischen Anbau regionaler und alter Kultursorten.

Im „himmelbeet" kommen Menschen aller Altersstufen und sozialen Schichten beim Gärtnern, Bauen mit recycelten Materialien, gemeinsamen Kochen, bei verschiedenen Workshops zu Themen wie Nachhaltigkeit und Ernährung, im Gartencafé und bei Kulturveranstaltungen zusammen. Neben dem Gemeinschaftsgarten gibt es für Privatpersonen und Institutionen die Möglichkeit, Beete für eine Saison zu pachten.

Gerade die verschiedenen Workshopangebote ziehen immer wieder neue Menschen an, die die Philosophie des „himmelbeets" dann weit über Berliner Grenzen hinaustragen.

Der Gemeinschaftsgarten ist Teil der „himmelbeet gGmbH", die auch außerhalb dieser Initiative Gartenbauaufträge in urbanen Gärten übernimmt.

Hier geht's lang!

ORT Ruheplatzstraße 12
13347 Berlin-Wedding
PROJEKTBETREIBER
himmelbeet gemeinnützige GmbH
PROJEKTSTART 2012
AWARDS 2015: BDA (Bund Deutscher Architekten) Preis Berlin; Umweltpreis Berlin-Mitte; 2014: Toyota „Mein Ecological Project"-Preis; 2013: Umweltpreis Berlin-Mitte; Grüne Liga Berlin; 2012: Deutscher Naturschutzpreis, Bürgerpreis; SAP-Förderpreis für regionales Engagemtent
INITIATOREN Hannah Lisa Linsmaier
GESTALTUNG UND UMSETZUNG
himmelbeet und viele freiwillige Helfer aus der Nachbarschaft; Hannah Lia Linsmaier, Anja Manzke; Michael Kloos
FLÄCHE 1700 m²
BEWIRTSCHAFTUNGSART
Anbau in Hochbeeten
ERNTE Selbsternte in den Gemeinschaftsbeeten: Beetpächter können Gemüse aus ihrem eigenen Beet ernten
INTENTIONEN
ökologische Gartenbewirtschaftung; neue Konzepte von Arbeit und gesellschaftlichem Miteinander erproben; Austausch von Menschen unterschiedlicher Kulturen u. v. m.
BESUCHSMÖGLICHKEITEN
Di–Fr: 10–20 Uhr, Sa/So: 12–20 Uhr, innerhalb der Gartensaison von etwa April–Ende Oktober
EXKURSIONEN/FÜHRUNGEN
ja, nach Anmeldung, Teamworkshops und Social Days
MITGLIED VON „EINFACH ESSBAR" ja

„Der Zweck der ‚himmelbeet gGmbH' ist die Förderung des urbanen Umwelt- und Naturschutzes im Sinne des Naturschutzgesetzes, die Volksbildung, die Förderung internationaler Gesinnung, der Toleranz auf allen Gebieten der Kultur und des Völkerverständigungsgedankens. Sie versteht sich als ein Forum, in dem aus der Vielfalt von Sprachen, Arbeitsweisen und Lebenserfahrungen multikultureller Austausch und Toleranz wächst, neue Kommunikationsformen entstehen und das als Begegnungsorte dafür urbane Gärten entwickelt." (himmelbeet-Satzungsauszug)

Das „himmelbeet" vereint aktives Tun, mediale Präsenz und soziales Engagement perfekt miteinander und zeigt uns auf, wie einfach es ist, im Garten eine gemeinsame Sprache zu finden und mit dieser zu anderen zu sprechen.

KONTAKTDATEN
www.himmelbeet.com
Facebook-Seite vorhanden
Anja Manzke (Sekretariat): mail@himmelbeet.de

NUDELN MIT FLEISCH–GEMÜSE– SUGO UND KRÄUTERN

Die Paprika waschen, halbieren, entkernen, und klein schneiden. Die Zwiebeln und den Knoblauch schälen und fein hacken. Die Karotten schälen und klein schneiden. In einem großen Topf Wasser zum Kochen bringen und ½ TL Salz hinzufügen. Die Bandnudeln darin 7 bis 9 Minuten bissfest garen. Inzwischen 2 EL Öl in einer großen beschichteten Pfanne erhitzen und die Zwiebel und den Knoblauch darin anrösten. Danach das

Hackfleisch mitrösten. Anschließend das Gemüse zufügen und würzen. Circa 10 Minuten dünsten lassen, wobei nach 5 Minuten die geschnittenen Kräuter dazugegeben werden. Dann würzig abschmecken. Die Bandnudeln in einem Küchensieb abtropfen lassen. Das restliche Olivenöl unter die Nudeln ziehen. Das Sugo auf den Nudeln anrichten und mit Kräutern garniert servieren.

ZUTATEN
1 roter und
gelber Paprika
100 g Zwiebel
3 Knoblauchzehen
100 g Karotten
400 g Bandnudeln
300 g Hackfleisch
(Faschiertes), gemischt
200 g stückige Tomaten
Thymian, Basilikum,
Salbei, Salz, Pfeffer
6 EL Olivenöl

STANGENBOHNENRAGOUT

Die Stangenbohnen putzen und in circa 3 cm große Stücke schneiden. Wasser erhitzen und Bohnen darin 3 Minuten lang blanchieren. Dann abseihen und abtropfen lassen. Zwiebeln schälen und fein schneiden. Öl in einem Topf erhitzen und Zwiebeln darin goldbraun anrösten. Dann das Mehl zufügen und umrühren. Mit den passierten Tomaten aufgießen und verrühren, damit keine Mehlklumpen entstehen. Dann die Bohnen und die restlichen Zutaten zufügen und aufkochen lassen. Danach auf die kleinste Flamme zurückschalten und garen, bis die Bohnen noch bissfest sind. Mit gewünschter Kartoffelbeilage servieren.

ZUTATEN
500 g Stangen-
bohnen
150 g Zwiebel
2 EL Pflanzenöl
10 g Weizenmehl
500 ml passierte
Tomaten
50 g Tomatenmark
Kräutersalz
Pfeffer aus der Mühle
10 g Feinkristallzucker
1 EL Balsamicoessig

THYMIAN–KARTOFFEL–GRATIN

ZUTATEN
1 kg Kartoffeln, über-
wiegend festkochend
150 g Zwiebel
1 EL Pflanzenöl
10 g Thymian

Béchamelsoße
20 g Butter
20 g Mehl
250 ml Weißwein
1–2 Eier
120 g Käse
Salz, Pfeffer, Muskatnuss

Kartoffeln in der Schale kochen und abkühlen lassen. Schälen und blättrig schneiden. Zwiebeln ebenfalls schälen und in feine Ringe schneiden. Öl erhitzen und Zwiebelringe darin anbraten. Für die Béchamel Butter zerlassen, Mehl beifügen und leicht anschwitzen. Mit Weißwein aufgießen und aufkochen lassen. Vom Herd nehmen, Eier versprudeln und rasch einrühren. Soße schmackhaft würzen. Auflaufform befetten und bebröseln. Kartoffeln mit Zwiebeln und abgezupftem Thymian vermengen und in die Form geben. Mit der Béchamel übergießen und geriebenem Käse bestreuen. Im vorgeheizten Backofen bei 180 °C circa 30 Minuten überbacken.

Andernach-Eich

Lehr- und Schaugarten in der Permakultur

Slow-Food-Garten

ORT Im Breitholz, 56626 Andernach
PROJEKTBETREIBER Slow Food Deutschland e. V.
PROJEKTSTART August 2014
INITIATOR EN Slow Food Deutschland e. V., Convivien Rhein-Mosel, Bonn und Köln
GESTALTUNG UND UMSETZUNG Dr. Brigitta Goldschmidt; Perspektive gemeinnützige GmbH Andernach (Langzeitarbeitslosenprojekt)
FLÄCHE 150 m²
BEWIRTSCHAFTUNGSART Permakultur
ERNTE Selbsternten durch die Mitglieder von Slow Food; Ertragsüberschüsse stehen zum Verkauf durch die Perspektive gemeinnützige GmbH zur Verfügung
INTENTIONEN Kultur des guten Essens und Trinkens pflegen und lebendig halten; Einbeziehung von Langzeitarbeitslosen in das Gärtnern; Anbau und Ernte von gesundem, natürlich gewachsenem Obst und Gemüse; Teil der „Essbaren Stadt Andernach"; Wissensvermittlung in Bezug auf nachhaltige Lebensmittelproduktion und -verarbeitung
BESUCHSMÖGLICHKEITEN jederzeit frei zugänglich
EXKURSIONEN/FÜHRUNGEN ja, nach Anmeldung
MITGLIED VON „EINFACH ESSBAR" ja

Was wäre ein Einblick in die Vielfalt der Intensionen zu „Essbaren Gärten" ohne DIE „Essbare Stadt" im deutschsprachigen Raum? Die „Essbare Stadt Andernach" nimmt eine Vorreiterstellung hinsichtlich der vorbildlichen Arbeit zwischen Initiatoren, Vereinen und Stadtverwaltung ein. Andernach fördert essbare Initiativen moralisch sowie finanziell und stellt den Bürgerinnen und Bürgern eine Vielzahl von essbaren Selbsternteplätzen zur Verfügung.

Seit 2014 beteiligt sich auch „Slow Food Deutschland " aktiv an der Gestaltung dieses Vorhabens. Der ehemalige Unternehmer Martin Fuchs engagiert sich als Leiter der lokalen Gruppe Rhein-Mosel (Convivium) für die nachhaltige Entwicklung seiner Stadt. In Zusammenarbeit mit der Stadtverwaltung Andernach,

der Permakultur „Lebenswelten Andernach-Eich" und einem Langzeitarbeitslosenprojekt entstand ein Slow-Food-Garten, der als Schau-, Erhaltungs- und Bildungsgarten für Agrobiodiversität und gutes, faires sowie sauberes Essen dient.

Inmitten der Permakulturfläche „Lebenswelten" wurde ein circa 150 Quadratmeter großer Bereich barrierefrei angelegt. In sechs Hochbeeten und einem Bodenbeet werden jedes Jahr wechselnde alte Gemüsesorten angebaut. Eingerahmt wird der Garten von einer Naschobsthecke. Eine Beschilderung informiert über die angebauten Sorten und die Anliegen des Projekts.

„Slow Food" wird darüber hinaus auf dem Areal verschiedene Angebote wie etwa Führungen, Weiter- und Bildungsveranstaltungen zur Verfügung stellen sowie Mitmachaktionen zum „Zyklus des Lebens: Säen – Pflanzen – Ernten – Genießen" durchführen.

An der Nutzung des Gartens beteiligen sich auch die benachbarten Convivien Bonn und Köln, sodass eine hohe Reichweite gewährleistet ist. Weitere Gruppen, die die Initiatoren erreichen wollen, sind Slow-Food-Mitglieder und interessierte Erwachsene, Schulen, Kindergärten sowie Kinder- und Jugendgruppen. Durch den Anbau von seltenen Sorten trägt der Slow-Food-Garten auch selbst zum Erhalt dieser Arten bei. Das geerntete Saatgut wird an interessierte Gärtnerinnen und Gärtner oder an Schulgärten weitergegeben. Besonders verbindend sind jene Veranstaltungen, bei denen das Saatgut als „Botschafter der Vielfalt" verteilt und damit weiterverbreitet wird.

KONTAKTDATEN
www.slowfood.de/projekte_und_aktionen/convivium_aktuell/
slow_food_garten_in_andernach_eich/
Martin Fuchs (Convivium-Leiter Rhein-Mosel):
rhein-mosel@slowfood.de, +49 2632 443 97

ZWIEBELKUCHEN

HEIDELBEER-PIE

ZUTATEN
150 g Mehl, glatt
150 g Weizenvollmehl
20 g Hefe
ca. 250 ml Wasser,
lauwarm
Oregano, Salz

Füllung
500 g Zwiebel
30 ml Öl
250 g saure Sahne
(Sauerrahm)
150 g Hartkäse,
gerieben
2 Eier
1 Bund Petersilie,
gehackt

Mehle salzen und vermischen. Hefe einbröseln und das Wasser darübergießen. Oregano dazugeben und zu einem glatten Teig verarbeiten. Den Teig circa 30 Minuten rasten und aufgehen lassen. Zwiebel in Ringe schneiden und in Öl goldbraun anlaufen und abkühlen lassen. Die restlichen Zutaten glatt rühren, zu den Zwiebeln geben und alles gut vermischen. Den Teig auf Backblechgröße ausrollen und auf ein mit Backpapier belegtes Backblech legen. Die Zwiebelmasse aufstreichen und im vorgeheizten Backofen bei 180 °C ca. 25 Minuten backen. Dieser Kuchen ist eine sehr gute Hauptspeise, aber auch als Snack hervorragend geeignet. Er schmeckt am besten lauwarm. Dazu passt ein Glas Weißwein oder Most ganz ausgezeichnet.

ZUTATEN
300 g Dinkelvollkornmehl
1 Prise Salz
100 g Puderzucker
(Staubzucker)
200 g Butter, 1 Ei

Füllung
3 Eier
250 ml Schlagsahne
(Schlagobers)
40 g Stärkemehl
1 Pkg. Vanillezucker
100 g Feinkristallzucker
400 g Heidelbeeren

Mehl und Salz vermischen, Puderzucker dazugeben. Kalte Butter grob raspeln und mit den trockenen Zutaten vermischen. Ei dazugeben und rasch zu einem Teig verkneten; zugedeckt kühl 20 Minuten ruhen lassen. Eier mit Schlagsahne, Stärkemehl, Vanille- und Zucker gut verrühren. Teig nach dem Ruhen zu einem Kreis (Ø 28 cm) ausrollen und eine Tortenform (Ø 26 cm) damit auslegen. Den überlappenden Teig am Rand nach oben drücken. Heidelbeeren darauf verteilen und Eier-Sahne-Gemisch darübergießen. Im vorgeheizten Backofen bei 180 °C 35 bis 40 Minuten goldbraun backen. Abkühlen lassen, aus der Form nehmen und noch lauwarm servieren.

KARTOFFEL—WILDKRÄUTER—SUPPE
MIT GEBACKENEM EIGELB

Kartoffeln waschen, schälen und in gleichmäßige Würfel schneiden. Suppe erhitzen und die Kartoffelwürfel darin weich kochen. Die Zwiebel schälen und fein hacken. Den Speck fein schneiden und in einer Pfanne erhitzen, bis das Fett austritt. Die Zwiebelstücke beifügen und kurz mitrösten. Mit Mehl stauben und eine lichte Mehlschwitze (Einbrenn) bereiten. Diese mit 250 ml Wasser vergießen und glatt rühren. Zur Suppe geben und salzen. Langsam köcheln, bis die

Kartoffelwürfel durchgegart sind. Wildkräuter fein hacken und zur Suppe geben. Nun mit dem Pürierstab fein pürieren und mit Rahm verfeinern. Die Eier vorsichtig aufschlagen und trennen. Eigelbe in das Paniermehl gleiten lassen und rund herum damit bedecken. Vorsichtig herausheben und im heißen Fett 10 Sekunden goldbraun backen. Mit der Suppe und frischen Kräutern servieren.

ZUTATEN
800 g Kartoffeln
1 l klare Gemüsesuppe
30 g Speck
20 g Mehl
40 g Wildkräuter
40 g saure Sahne (Sauerrahm)
100 g Zwiebel

4 Eigelb (Eidotter)
20 g Paniermehl (Semmelbrösel)

Fett zum Backen

Saarbrücken

Essbares Saarland

Garten Eden –
Beete für jeden

Die Menschen suchen im Garten das, was sie im Alltag verloren haben. Die Projektgruppe ‚Essbares Saarland' unterstützt sie dabei, ‚Alltag im Garten' zu leben", erzählen Sabine Feld und Dietmar Vogel, Mitinitiatoren dieses spannenden Projekts.

Mit der Vision der Essbaren Stadt Andernach vor Augen hat sich Anfang 2014 auf Initiative der „Patton Stiftung Sustainable Trust" die Projektgruppe „Essbares Saarland" gegründet. Ziel ist es, bereits bestehende Projekte zum Thema Urban Gardening im Saarland und der Großregion zu fördern und miteinander zu vernetzen. In nur einem Jahr sind wichtige Kooperationen mit dem Naturschutzbund Deutschland (NaBu), der Fairtrade Ini-tiative Saarbrücken (FIS), dem Grünamt der Stadt Saarbrücken und dem Stadtbauernhof Saarbrücken e. V. entstanden. Die Gruppe möchte in den nächsten Jahren in jedem Saarbrücker Stadtteil einen Stadtteilgarten entstehen lassen, damit sich das Gärtnern in der Innenstadt etabliert und es auf städtischen Grünflächen nicht nur pflegeintensive und oft teure Zierpflanzen gibt, sondern dort auch „Essbares" wächst und gedeiht. Den Anfang setzten die „Gartenzwerge" der Dietrich-Bonhoeffer-Kindertagesstätte unter fachkundiger Betreuung der Gartenpädagogin Eva-Maria Ratius.

Schon bald fand man neue Plätze und Partner, die darauf warteten, Teil des „Essbaren Saarlandes" zu werden. Zusammen mit der Kirche der Jugend eli.ja, dem Café Exodus, Miteinander Leben Lernen (MLL) und der Jugendgruppe des Lesben- und Schwulenverbandes (LSVD) Saar hat die Projektgruppe auf dem Gelände der Kirche der Jugend eli.ja den ersten öffentlichen Garten Saarbrückens mit dem Namen „Garten Eden – Beete für jeden" angelegt. Der Spatenstich für diesen wunderba-

Garten Eden – Beete für jeden

ORT Halbergstraße 15
66121 Saarbrücken
PROJEKTBETREIBER
Projektgruppe „Essbares Saarland"
PROJEKTSTART Frühjahr 2015
ANDERE ESSBARE PLÄTZE Modellpro-
jekt „Gartenzwerge", Kräutergarten
nach Hieronymus Bock am Saar-
brücker Schloss, Dorfgarten am
Weyersberg
INITIATOREN Kooperationsgruppe aus
Projektgruppe „Essbares Saarland",
Kirche der Jugend eli.ja, Miteinander
Leben Lernen (MLL), Café Exodus
und Jugendgruppe des Lesben- und
Schwulenverbands Deutschlands
(LSVD) Saar
GESTALTUNG UND UMSETZUNG
Gartengemeinschaft
„Essbares Saarland"
FLÄCHE 250 m²
BEWIRTSCHAFTUNGSART
Gemüse, Obst, Blumen, Kräuter –
alles bio und naturnah
ERNTE Jede/r hat ein eigenes Beet, alle
teilen eine Gemeinschaftsfläche.
Geerntet wird von den Gärtnern.
INTENTIONEN bestehende Projekte zum
Thema „Urban Gardening" vernet-
zen und neue initiieren; generatio-
nenübergreifendes, interkulturelles
Gärtnern
BESUCHSMÖGLICHKEITEN
jederzeit frei zugänglich
EXKURSIONEN/FÜHRUNGEN
ja, nach Anmeldung
MITGLIED VON „EINFACH ESSBAR" ja

ren Platz der Toleranz erfolgte durch Ministerpräsiden-
tin Annegret Kramp-Karrenbauer und Bezirksbürger-
meisterin Christa Piper. Gemeinsam mit Interessierten
pflanzten sie Beerensträucher und säten Karotten und
Radieschen aus. Diese Initiative stieß auf derart reges Interesse, dass alle Beete schnell vergeben waren und eine
Warteliste angelegt werden musste. Die Beete
des „Garten Eden" sowie das Gießwasser werden den GemeinschaftsgärtnerInnen kostenfrei
zur Verfügung gestellt. Pflänzchen, Saatgut und
Werkzeuge bringen die Aktiven selbst mit. Jedes Beet
sieht anders aus und spiegelt „seinen" Gärtner wider.
Jung und Alt arbeiten Seite an Seite und motivieren viele Menschen dazu, es ihnen gleich zu tun.

KONTAKTDATEN
www.essbares-saarland.de
Sabine Feld: feld@essbares-saarland.de
Dietmar Vogel: vogel@essbares-saarland.de

GEBRATENE AUBERGINENRÖLLCHEN

Die Kartoffeln in der Schale kochen und abkühlen lassen. Dann schälen und durch die Kartoffelpresse drücken. Schalotten ebenfalls schälen und fein schneiden. Öl erhitzen und Schalottten darin hellgelb rösten. Leicht abkühlen lassen, mit den Gewürzen und dem Ei zu den Kartoffeln geben. Den Käse und – wenn gewünscht – feinwürfelig geschnittenen Speck zufügen und die Masse gut verrühren. Die Aubergine mit der Schneidemaschine der Länge nach in 1 bis 2 mm starke Scheiben schneiden und leicht salzen.

Die Kartoffelmasse auf den breiten Seiten der Scheiben auftragen. Dann die Auberginenscheiben der Länge nach einrollen und in eine mit Butter bestrichene Auflaufform legen. Für den Überguss alle Zutaten mit einem Schneebesen gut verrühren und über die Röllchen gießen. Einmal leicht schütteln, damit der Überguss gleichmäßig verteilt wird. Im vorgeheizten Backofen bei 160 °C 25 bis 30 Minuten backen. Mit frischem Blattsalat servieren.

ZUTATEN
300 g violette oder auch andere Kartoffeln
50 g Schalotten
20 ml Rapsöl
1 Ei
Salz, Pfeffer
100 g geriebener Gouda
evtl. 50 g Speck, durchzogen
1 mittelgroße Aubergine

20 g Butter für die Form

Überguss
3 Eier
125 g saure Sahne (Sauerrahm)
Muskatnuss, Salz
10 g Maisstärke

HÄHNCHENWOK MIT BIRNEN

Für die Woksoße alle Zutaten aufkochen und 5 bis 10 Minuten köcheln lassen. Mehrmals umrühren, damit die Soße nicht anbrennt. Vom Herd nehmen. Hühnerbrustfilet entgegen der Faser in feine Streifen schneiden. Frühlingszwiebeln in circa ½ cm dicke Ringe, Paprika in Würfel von 1 cm schneiden. Birnen schälen, entkernen und in Würfel (1 cm) schneiden. Öl in der Pfanne erhitzen. Fleischstreifen in der Maisstärke wenden und in kleinen Portionen nacheinander im Wok sehr heiß und kurz braten. Wenn nötig, ein wenig Öl nachgießen. Fleisch herausnehmen und die Paprikawürfel im Wok braten, nach 2 Minuten die Frühlingszwiebeln dazugeben. Zum Schluss die Birnenwürfel zufügen. Woksoße nach Wunsch dazugießen und mit Wokgewürz oder Koriander, Salz und Pfeffer würzen. Danach einmal aufkochen lassen, Fleisch wieder beifügen, durchrühren und nochmals abschmecken.

ZUTATEN
400 g Hühnerbrustfilet
5 Frühlingszwiebeln
1 roter Paprika
400 g Birnen
Rapsöl
20 g Maisstärke
Salz, Pfeffer
Wokgewürz oder Koriander
Soja- bzw. Woksoße

Woksoße
100 ml Balsamicoessig
100 ml Sojasoße
100 ml Aprikosenkonfitüre
(Marillenmarmelade)
evtl. Chiliflocken

PFIRSICH–SMOOTHIE MIT KORIANDER

Die Pfirsiche entkernen, vierteln und in einen Smoothiemixer geben. Joghurt und Honig zufügen. Korianderblätter nach Geschmack dazugeben. Vorsicht, dieses Gewürzkraut schmeckt sehr intensiv. Nun alles in 1 ½ Minuten feinst pürieren und dann in Gläser abfüllen. Mit einer Pfirsichspalte und Korianderblättern garniert servieren.

ZUTATEN
2 Pfirsiche
500 ml Joghurt
50 g Honig
Korianderblätter
(vietnamesischer Koriander)

REZEPTE VON A–Z

Wenn nicht anders angegeben, sind die Rezepte für 4 Portionen.